PRÁCTICA

CON LOS

ELEMENTALES

Autor
Jesús Salazar
V. M. Rafiel

© Jesús Salazar

ISBN: 978-1-59608-625-8

CONTENIDO

NOTA DE AGRADECIMIENTO

En esta obra titulada: PRÁCTICA CON LOS ELEMENTALES les damos las más infinitas gracias y mis agradecimientos a todo aquél que de alguna manera ayudaron a que esta obra saliera a la humanidad y sirviera para concientizar a todo aquél que la lea. También va mi agradecimiento a Roxanna Gotay por su ayuda con la corrección de este libro.

Por otro lado le doy gracias a mi hija July J. Salazar por haber dedicado una vez más su interés por ayudar a la humanidad, muchas gracias.

El autor.

DATOS SOBRE EL AUTOR
JESÚS SALAZAR FERNÁNDEZ

El autor de la siguiente obra literaria, el Sr. Jesús Salazar Fernández, es un ser humano dedicado a la ayuda de la humanidad desde hace 31 años.

Dando sus servicios y ayuda a través de cientos de conferencias públicas en Puerto Rico y Santo Domingo, aportando así y brindando la oportunidad de crecimiento espiritual a todo aquel que anhele conocer y llegar a su propio Dios interno.

PRÓLOGO

En un momento donde me encontraba reflexionando sobre los tiempos finales, se me acerca mi querido hermano Jesús Salazar para preguntarme, si esta servidora estaba dispuesta a colaborar con el prólogo de esta hermosa obra titulada, *PRÁCTICA CON LOS ELEMENTALES.* Y mi respuesta de inmediata fue, que para mí era un gran honor colaborar con esta importante obra que va a servir de ayuda para esta humanidad que tanto lo necesita.

Jesús Salazar ha sido un fiel discípulo de ese gran Maestro Ascendido, el Señor Desoto. Sus investigaciones lo han llevado a comprender que todos los seres humanos somos producto de una gran realidad, es que vamos ascendiendo de plano en plano, de dimensión en dimensión, integrando en cada avance las conciencias dimensionales.

El autor de esta hermosa obra nos recomienda a todo aquél que ande en busca de aumentar su nivel de conciencia, que medite sobre los errores cometidos y que se reconcilie con la naturaleza y con sus elementos.

En el capítulo, *RECONCILIÁNDONOS CON LA NATURALEZA,* nos hace énfasis en que todos somos parte de la naturaleza y que si contaminamos el medio ambiente le hacemos daños a nuestros sistemas respiratorios.

Es por esta razón que hace un llamado para que reflexionemos, que sin la naturaleza no podemos vivir y que hay que cuidarla.

Nuestro querido escritor de esta bella obra ha hecho grandes investigaciones sobre los resultados que provocan los delitos cometidos en contra de las leyes de la naturaleza y cómo influyen en nuestro avance evolutivo.

Los conocimientos expuestos en este libro han sido producto de sus profundas meditaciones y ha podido comprender que todos nuestros sufrimientos se deben a las distintas violaciones que inconscientemente hemos cometidos en contra de las diferentes leyes de la creación. Él hace un llamado a la reflexión interna y al respeto a todos los seres vivos.

Por otro lado, en el capítulo *NUESTRA RELACIÓN CON LOS ELEMENTOS,* nos habla sobre la influencia que tienen los diferentes elementos con nuestro existir. Aquí expresa con mucha sabiduría, que todos somos una parte de la naturaleza y otra de Dios. Explica con sencillez que el ser humano no es solo un cuerpo, sino que dentro de este traje humano pensamos, soñamos, hablamos y nos movemos, dando a comprender que somos parte de la naturaleza y de Dios.

También en este capítulo hace mención de los beneficios que provienen de los elementos y que los mismos nos mantienen nuestros cuerpos funcionando.

Es por esta razón que el autor se ha dado a la tarea de hacer grandes investigaciones sobre lo que son los reinos, sus elementos y las influencias de ellos con nuestra evolución humana. Él se ha entregado por completo a ayudar a todo aquél que quiera incursionar en el saber consciente.

Él ha podido comprender que el mundo de los elementos es tan importante como lo es el reino humano, ellos son los que nos complementan todos nuestros sistemas físicos internos.

En cuanto a los diferentes mundos de la creación, él nos dice que todos estamos conectados con el antes y con el después, y por lo tanto estamos sometidos a todas las leyes de los diferentes planos evolutivos que existen.

En esta obra el autor trata de concientizar a todo aquél que quiera saber algo más allá de lo ya conocido por el ser humano.

Nos narra que todo no está escrito, que aún en los niveles más altos tenemos que aprender y seguir caminando hacia lo desconocido.

Aquí nos expresa con mucha sabiduría, que los elementos son manifestaciones del Divino Creador de todo lo que existe y por algo existen.

JERARQUÍAS QUE RIGEN A LOS ELEMENTOS, es un capítulo donde nos narra con una gran profundidad las misiones de las diferentes Jerarquías que están al servicio de Dios y que trabajan con la Evolución de los elementos. Con mucho énfasis trata de explicarnos como son ayudados en su evolución los diferentes elementos.

El señor Jesús Salazar es un verdadero investigador de lo diferentes mundos ultra físicos, de esa manera trae consigo grandes y profundos conocimientos superiores producto de sus investigaciones.

Así que, nos explica paso por paso como van integrándose en nuestro existir los diferentes elementos en el interior del ser humano, eso nos da a entender el resultado de sus profundas meditaciones que a través de los años el señor Salazar ha venido haciendo.

Nuestro escritor nos relata que fueron muchos los motivos que lo llevaron a escribir sobre los mundos de los elementos. Él nos dice que el ser humano tiene que saber de dónde viene y de qué componentes estamos hechos.

También da una explicación sobre las diferentes facetas conscientivas que existen en el mundo animal y en los submundos de la naturaleza.

El autor dice que el mundo animal es muy amplio porque se encuentran los elementales acuáticos, las diferentes aves, animales de pelos, entre otros.

Por otro lado, explica que todas las especies que tienen cuatro patas, todas poseen pelos, excepto las que se arrastran, esas pertenecen al submundo animal.

Ya en el capítulo *AVANZANDO HACIA LO INFINITO,* nos explica sobre las múltiples facetas conscientivas a la cual es sometida la chispa divina para venir a hacerse tangible a través de los diferentes mundos de la naturaleza y de la Creación.

Nos haces comprender que tanto para venir a buscar experiencias como para ascender en los diferentes planos de la creación, el camino es largo y son muchas las leyes a la que seremos sometidos para seguir conectado al caminar evolutivo.

Plasma con su pluma en esta obra la sabiduría más profunda que el ser humano haya podido comprender, expresando así la profundidad del conocimiento divino y la longitud de los niveles de conciencias.

En un juego de palabras nos dices, que si el ser humano se conociera así mismo, se daría cuenta que todo está dentro de nosotros y que los grandes misterios que existen en la creación también están en nuestro interior profundo.

Para mí ha sido un honor el haber colaborado con tan hermosa obra, la cual recomendamos leerla y aplicarla. Ya que plasma una sabiduría conscientiva y ofrece un gran aporte a la humanidad para que siga desentrañando los grandes misterios que encierra el caminar divino y los altos niveles de conciencias.

Con mucho gusto y con mucho respeto se despide su más fiel servidora.

Dra. Ingrid Verenice de León.

LA INFLUENCIA CON LOS ELEMENTOS

Nuestro cuerpo humano está compuesto de los diferentes elementos que existen en la naturaleza, estos son importantes porque nos dan la conexión para nosotros poder tener la influencia del cosmos y la creación, para comprender estos tenemos que tener un nivel de conciencia de lo que es la naturaleza y sus reinos.

Todos estamos conectados por el hilo de la Evolución y por la influencia de la gran realidad superior.

Cuando hablamos de la gran realidad nos estamos refiriendo a lo que existe más allá de la creación, (la creación paralela), esa es la gran realidad superior. Para que entiendan un poco más, esa realidad es lo no manifestado para todos los seres humanos.

Nuestra evolución en el camino de regreso a casa, debe integrar todos los elementos de todos los reinos que existen; ellos son importantes para nuestros cuerpos y para nuestra naturaleza interna, así podemos entender que tenemos que pasar por todos los planos que existen e integrar la conciencia de éstos.

Tenemos que pasar por el mundo gaseoso, éste es algo muy primario, y que la humanidad no puede comprender ni mucho menos entender.

En el mundo de los elementos existen muchos misterios que hay que investigar y que son parte de nuestro propio existir.

Ejemplo: el aire mantiene oxigenado todo nuestro sistema sanguíneo y sin él no podemos vivir ni mucho menos respirar.

Tenemos también, el elemento Tierra, ella nos suple de los alimentos que necesitamos para poder mantener nuestros cuerpos con energía y vigor; estamos hablando de lo importante que es el mundo de los elementos en nuestro camino de regreso a casa.

Podemos hablar un poco del elemento Agua, éste es importante para el mismo elemento Tierra; mantiene nuestros cuerpos hidratado conjuntamente con nuestro sistema celular, sin ese elemento no podrían vivir muchos seres vivos que existen y que necesitan evolucionar.

Tenemos el elemento Fuego; todos los seres humanos poseemos un fuego que mantiene la temperatura corporal, si ese fuego llegara a apagarse, nuestro cuerpo moriría porque es él el que mantiene controlada nuestra temperatura.

Hemos hablado del fuego interno que existe en nuestros cuerpo físico; pero es importante saber que beneficios podemos obtener, que podemos ver físicamente. En el diario vivir necesitamos el fuego para poder cocer nuestros alimentos, entre otras; y muchas fábricas, que lo usan para la industrialización comercial, no podrían sobrevivir, no podrían derretir millones de toneladas de hierro, para transformarlas en diferentes objetos industriales.

También, ese tipo de fuego es usado por la misma naturaleza para poder ajustar cuentas por las violaciones cometidas en contra de sus leyes, y así poder mantener un equilibrio en ella, y todos sus seres vivos.

Todos estos es tan solo un poco de lo que podemos expresarles y a la vez ir concientizando a la humanidad de los grandes misterios que encerramos en nuestro interior profundo.

También, con todo esto, podemos ver y darnos cuenta, de que todos los seres humanos estamos unidos por los elementos de la naturaleza, y a la vez lo importante que son ellos para todos los seres vivos que existen.

Si llegáramos a descubrir quiénes somos en realidad nuestro mundo sería un mundo de alta conciencia evolutiva, de grandes seres divinos que buscan llegar a las más altas esferas luminosas dentro de la inmensidad cósmica.

Conócete a ti mismo, para que conozcas los grandes misterios que existen en la profundidad del cosmos, de esa manera encontrarás el verdadero camino que te llevará de regreso de donde un día bajaste, en busca de las experiencias hasta ahora ya vividas.

QUEREMOS QUE

DESPIERTE

EN ESTA EXISTENCIA

HUMANA

PRÁCTICA CON LOS ELEMENTALES Y EL MUNDO ULTRA FÍSICO

El camino de la iluminación de nuestro interior es un sendero que tiene que ser práctico; no solo se tiene que investigar, sino que hay que llevarlo definitivamente a la práctica. Entonces, esta práctica tiene que efectuarse con la invocación de las diferentes jerarquías divinas ya que ellas son las que tienen pleno dominio sobre los elementales de la naturaleza y de este plano de conciencia humana.

Antes de llevarse a cabo una práctica con los diferentes elementales, sean estos minerales, las plantas, el agua, el fuego y el aire entre otros, tenemos que estar en armonía y preparar muy bien el ambiente. Esta preparación se hace con el aroma adecuado a la práctica que se vaya hacer, entonces se encienden cuatro velas y se busca el elemento fuego colocándose en el centro del lugar donde se vaya a realizar la práctica.

Luego con el elemento agua, se colocan en varios vasos de plástico en círculos, alrededor del fuego. También buscamos el elemento aire; este puede ser representado por varias plumas colocándose al igual que el agua, en círculo. Luego seguimos con el elemento tierra, esta se coloca en unos cuantos vasos plásticos y también este elemento se sitúa en círculo. Por último, buscamos todas las piedras o cuarzos posibles y también se colocan en círculo. Todos los elementos tienen que ir en posición circular ya que son ellos quienes nos van ayudar a la transportación de nosotros a otra dimensión; claro está, que no podemos tener ningún resultado sin la ayuda de las jerarquías divinas.

Entonces, una vez todos los elementos listos pasaremos a realizar la práctica, que dice así.

Padre mío, señor mío, tú que moras dentro de mí, en este momento te invocamos para que sea tú, con tu poder y tu gracia bendita y divina, el que nos invoque a las siguientes jerarquías.

Amadísima Madre Divina, parte femenina de Dios dentro de mi interior, te pedimos que en este momento nos acompañe y nos ilumines con tu luz y tu energía. Divino Cristo Interno, amada y divina jerarquía, dador del amor universal, te pedimos que nos acompañes e ilumines este lugar aquí y ahora. Divino Espíritu Santo, divina jerarquía, dador de la vida de todas las semillas de diferentes especies, te pedimos que te transporte a este lugar para con tu poder y tu gracia seas tú que les permita a estos elementos hacernos una limpieza en las dimensiones superiores a todos nuestros cuerpos a nivel energético. Divino

Dios Rael (repetir tres veces) amadísimo Dios de los cristales, te pedimos en el nombre de nuestro Real Ser que te hagas aquí presente para que seas tú, con tu sabiduría y tus divinas facultades, que les órdenes a los elementales del reino mineral que transporten nuestras mentes a las dimensiones superiores para que nos trabajen energéticamente y nos hagan una limpieza interna.

Te lo suplicamos, en el nombre de nuestro Real Ser.

También, le pedimos al divino Dios Quitiche, dios de los elementales de la tierra, los gnomos y pigmeos que se haga presente aquí y ahora, para que con su energía y sus facultades nos transporten conscientivamente a los mundos superiores y nos hagan una limpieza a nuestra parte pensante. Les pedimos a todos los gnomos y pigmeos la transportación conscientivamente de todos los presentes a las dimensiones superiores para que también nos curen cualquier órgano enfermo. Se lo pedimos, en el nombre de nuestro Real Ser.

En el nombre de las jerarquías dévicas, invocamos la presencia del divino Dios Pavana. Amadísimo jerarca, le pedimos en el nombre de la Creación que nos invoque la divina presencia de los silfos y sílfides del aire, para que sean ellos, conjuntamente con el Dios Pavana que nos transporten a todos los aquí presentes conscientivamente a las dimensiones superiores y nos lleven a un lugar donde se manifiesten los silfos y sílfides del aire para que nos purifiquen nuestra piel.

Limpien las impurezas de nuestros cuerpos, en el nombre del divino Dios de los elementales del aire, Pavana. Pedimos la presencia divina de las jerarquías dévicas, Galeno, Galeno, Galeno, Hermes Trimegistro, Ángel Adonaí,

Wiracocha, divina Madre Gaia, les pedimos que sean ustedes que sitúen nuestra presencia conscientivamente a un lugar escogido por ustedes, se lo suplicamos.

También le pedimos al divino Dios Varuna, dios de los elementales del agua, las ondinas y nereidas del agua, divino Dios Varuna te pedimos en el nombre de nuestro Real Ser y en el nombre de nuestra misericordia divina que les ordene a las ondinas y nereidas del agua que nos transporten a las dimensiones superiores, para que también nos hagan una limpieza en todos los órganos de nuestro cuerpo físico. Divino Dios Varuna, tú que tiene el poder y las facultades divinas concédenos esta petición en el nombre de las jerarquías dévicas.

Invocamos la divina presencia del divino Dios Agni, dios del fuego. En el nombre del divino Creador de todo lo que existe, le pedimos a los elementales del fuego que se hagan presente aquí y ahora en este momento para que nos concedan la dicha y el privilegio de hacer posible la transportación de nuestra presencia a las dimensiones de conciencias superiores y nos hagan una purificación de nuestros cuerpos a cada uno aquí presente. Le pedimos al divino Dios Agni que les ordenes a los elementales, las salamandras del fuego que nos purifique en este momento todo nuestro cuerpo, nuestra mente. Divinas salamandras del fuego, en el nombre de Agni y en el nombre de la naturaleza, les pedimos su colaboración en esta práctica.

En el nombre de las diferentes jerarquías aquí presentes, Galeno, Hermes Trimegistro, Ángel Adonaí, la Madre Gaia, Rael, Agni, Pavana, Varuna y Quitiche, les damos infinita gracias por su presencia en esta práctica, y que se cumpla las peticiones de cada uno de nosotros.

Que así sea, que así sea, y que así sea, en el nombre del Creador.

Amen (repite tres veces).

En esta práctica, cuando se invoca la presencia de una jerarquía, se hace tres veces para que esa invocación llegue a ella; es importante tener el ambiente aromatizado y solo con la luz del fuego, con el que se está haciendo la práctica. También debe haber una música de acuerdo al momento, tampoco no debe haber niños que interrumpan la concentración y la misma práctica.

Es importante saber que en el transcurso de la concentración, se pueden dar grandes experiencias por ser esta una práctica de alta liturgia y por estar trabajándose con los dioses y los elementales que tienen grandes poderes y facultades, ya que no tienen ningún tipo de conciencia negativa y solo tienen pureza elemental.

CURACIÓN A TRAVÉS DE LOS CHAKRAS

Desde lo más profundo del universo y más allá del tiempo y el espacio, se mueve la energía del cosmos, se mueve la vida misma, en cualquier sistema solar, en cualquier constelación, galaxias y planetas seguirá la energía moviendo todo lo que tenga vida y que vaya en evolución.

Todo ser vivo de cualquier plano, por elemental que sea, tiene que moverse a través de la energía.

Vamos a explicar cómo es que la energía se mueve desde el cosmos hasta el más pequeño y diminuto ser vivo de cualquier planeta que exista en el cosmos.

Existe el centro de la galaxia, ese centro es de pura energía, la suficiente para mantener con vida todo tipo de seres vivientes sean elemental o superiores que existan.

La galaxia completa gira constantemente con todos sus componentes y elementos; ese giro constituye el mantenimiento de la energía en su centro, ese movimiento es necesario porque es el que envía la energía del centro hacia los sistemas solares, absorbiendo el sol de cada sistema la energía proveniente del sol central de cada galaxia.

Entonces, tenemos que explicar que el sistema solar, no importa cuál sea, tiene que girar para poder emanar la energía hacía cada planeta que también absorbe la energía solar y como todo lo sabemos que también nuestro planeta gira alrededor del sol; luego esa energía penetra en nuestro cuerpo por los diferentes chakras que también giran para distribuir la energía en nuestro cuerpo. Entonces, giran las galaxias, los sistemas solares, los planetas y luego giran nuestros chakras, todo esto está sincronizado para poder mantener la energía y la vida a través del cosmos "infinito" que es el cuerpo vivo de Dios.

Es de esa manera que la energía de Dios se encuentra en cada rincón del cosmos, hasta en el vacío donde no existen galaxias, ahí se encuentra el espíritu divino de Dios; así mismo se encuentra la energía en nuestro cuerpo, producto del movimiento de las chakras en nuestro interior.

Con todo esto, queremos dejar entender y comprender el por qué era que las galaxias, los sistemas solares, los planetas y nuestro chakras giran; también, queda claro el por qué todos se mueven en el cosmos.

En nuestro cuerpo se mueve constantemente la energía, ella es la que nos mantiene en pleno movimiento, mantiene la vida y también el equilibrio.

Si la galaxia dejara de rotar todos los seres vivos dejaran de existir; entonces no fuera posible el flujo de energía en nuestro cuerpo.

Todo lo que existe está conectado con el cosmos, todos somos parte del todo, ya que somos parte de la misma conciencia, somos billones de partículas de luz que vamos en crecimiento, sólo que nos alimentamos de la energía que viene del centro de la galaxia hacia nuestro sistema solar para energizar todos los planetas, y así mantener a todos los seres vivos que en él viven.

TÚ Y EL COSMOS

ENCIERRAN LOS

MISMOS

MISTERIOS,

¡DESCÚBRELO!

En el cosmos todo está sincronizado energéticamente, desde el más pequeño micro organismo, hasta el más alto nivel conscientivo humano, mineral, vegetal y animal.

Existen jerarquías encargadas de la Evolución de muchas áreas del saber consciente, sea de esta humanidad o de otra, dentro de la inmensidad, la longitud evolutiva de la Creación.

Hay ángeles y arcángeles que han sido creado con el objetivo de ayudar en la Evolución de muchas humanidades, ellos siempre están al servicio de todo aquél que lo invoquen y que necesiten su divina presencia, ellos se le manifiestan de acuerdo a las vibraciones y al merecimiento del que lo esté invocando, no todo aquél que quiera sentir la presencia divinal de un ángel puede sentirla, para esto tiene la persona que estar en plena armonía y quietud, ya que una manifestación de esta índole necesita de un lugar que reine la armonía, la tranquilidad y sobre todo la quietud.

Una manifestación de un ángel puede ser en forma de un aroma, una luz o como por ejemplo, sentir la energía en nuestro cuerpo.

Ahora vamos a realizar una práctica conforme al merecimiento de todo aquél que lo merezca y esté preparado.

En esta práctica vamos a invocar a todos los ángeles que pertenezcan al rayo de la medicina.

Práctica

Amado y divino ser que mora y palpita dentro de mí, amada y benditas jerarquías parte femenina de Dios dentro de mí, divina madre, divino y bendito Cristo interno que con tu sagrado amor reina en mi interior, amadísimo y sacratísimo espíritu santo dador de la vida de todas las especies, tú que mantiene la vida dentro de mí, a todas las jerarquías aquí invocada les pedimos les suplicamos que es este momento armonicen y limpien este lugar de todas densidad negativas para que se haga posible las manifestaciones de las diferentes jerarquías divinas que tengan que ver con la ascensión humana y con la sanación de todos nuestros cuerpos.

En este momento invocamos la divina presencia del muy amado ascendido Maestro de soto, amado Maestro en el nombre de los dioses santos del rayo de la medicina les pedimos que nos invoque la divina presencia del muy amado Maestro o dios galeno, galeno, galeno te pedimos que te transporte a este lugar para que nos armonices nuestros cuerpos y nos sintonicen nuestros chakras internos.

También, le pedimos al divino dios de los cristales Rael que se haga presente aquí y ahora, para que nos pongan a girar todas nuestras chakras internas con la energía del reino mineral, te lo pedimos, te lo suplicamos en el nombre de la energía cósmica y universal; también pedimos al divino arcángel Anaél, Uriel, Sachariél que nos envíen un coro de ángeles para que nos bañen con burbujas de ascensión todos nuestros cuerpos y que purifiquen nuestros chakras y los pongan a girar positivamente, se lo pedimos divinos arcángeles; en el nombre de los divinos dioses del rayo de la creación les pedimos le suplicamos a los arcángeles Ori fiel, Metatrón, ángel Adonaí, Wiracocha para que pongan a vibrar nuestros cuerpos en este momento con su energía divina para que con su poder y su gracia bendita nos envuelvan con un manto de ascensión a todos los aquí presente, se lo pedimos, se lo suplicamos.

Les pedimos en el nombre de la misericordia divina a los siguientes jerarcas: amados Maestros ascendidos Lanto, Sarumá, Sether, Amunakur, Sarnack Kumará háganse presente en este momento para que sean ustedes que formen un anillo de energía y burbujas de ascensión alrededor de nuestros cuerpos, se lo pedimos, se lo suplicamos en el orden divino;

Que así sea (tres veces), amen (tres veces); que se cumpla y que se plasme en la tercera esfera cósmica.

Cada Maestro o jerarquía divina se invoca tres veces.

Como hemos dichos anteriormente, que estos tipos de práctica tienen que realizarse en un lugar que reine la armonía, la tranquilidad y la quietud; es importante que el lugar esté aromatizado y a media luz, con una música adecuada a la práctica.

Con este tipo de ejercicio, nuestra evolución avanza en el camino que nos conduce a la unión con nuestro Real Ser; también, sirve para sensibilizar nuestro cuerpo de materia.

El iniciado tiene que constantemente mantenerse haciendo diferentes prácticas para estar conectado con la divinidad y así seguir caminando en el sendero luminoso.

Para los que seguimos este camino tenemos que saber que hay que hacer dos trabajos para poder ascender de este plano dimensional, estos son: el trabajo interno, que no es otra cosa que la limpieza de nuestro interior, la expulsión de los diferentes defectos psicológicos.

El otro trabajo es el servicio por la humanidad; sin esos dos trabajos no podemos ascender de dimensión, hay que hacer el trabajo por uno y por la humanidad.

LAS VIBRACIONES DE LOS DIOSES

Según la lógica superior que los seres humanos conocemos, todo tiene un principio, y también, tiene su fin; pero hablando a nivel cósmico, no podemos seguir ese sentir, porque no podríamos hacer a un lado la Evolución en su término generalizado.

El dios interno de cada ser humano siempre ha existido como conciencia dentro del cosmos "infinito"; pero no se sabe hasta dónde va a elevarse sus niveles conscientivos dentro de las interminables eternidades cósmicas y macro cósmicas.

Nuestra chispa divina comienza su crecimiento desde el preciso momento de su desprendimiento divino del Creador.

SOLO HAY UNA

COSA QUE ES

INFINITA LOS

NIVELES DE

CONCIENCIAS

Nuestra parte divina tiene los mismos componentes que posee un Dios, sólo existe la diferencia en los niveles de consciencias; tenemos que comprender que los seres de este plano viviente sólo tenemos una conciencia humana y no una conciencia de dioses.

La parte humana de nosotros no posee ningún tipo de facultades; para el ser humano obtener algún tipo de facultades tiene que elevar su nivel evolutivo haciendo una limpieza interna.

Sacando todo tipo de basuras psicológicas; entonces, nuestro ser interno, puede manifestarse, ya que las facultades son del Ser y no de la parte humana.

Tenemos que decir que todos los dioses están llenos de grandes poderes, ya que ellos no se encuentran en un plano humano, ni poseen grados, sino niveles de conciencias divinas.

Para llegar a esos niveles divinos tenemos que durar muchas eternidades, comprendiendo así que las eternidades son los diferentes planos evolutivos, cada plano de conciencia equivale a una eternidad ya que los planos son eternos.

También, tenemos que decir que los seres humanos no somos eternos en el plano que nos encontremos, somos transitorio, aún en la misma creación.

Todos somos ayudados por las diferentes jerarquías del cosmos, ellos velan por nuestro avance evolutivo, nos ayudan con sus vibraciones divinas para que elevemos nuestros grados de conciencia humana.

Esos dioses, también, pasaron por este plano pensante y obtuvieron su evolución.

Queremos que la humanidad comprenda, que la eternidad no es el mundo de los desencarnados; la eternidad son todos los planos de la creación.

La eternidad sólo es un nombre que la humanidad le da a lo desconocido, sólo por no comprender que, cada persona que desencarne, vuelve a tener otra existencia dentro del eterno plano humano, y hasta que no termine todas las existencias asignadas no puede completar su eternidad en el plano humano.

Con todo esto, queremos decirle que nosotros nunca vamos a morir, solo nos revestimos con los diferentes cuerpos de los diferentes planos de la creación, sean estos elementales, humano, de la luz, de energía o de fuego, pero siempre llevaremos por dentro nuestro Real Ser que es el que va en evolución hacia otros planos de conciencias superior desconocidos y eternos.

Con este conocimiento queremos que el ser humano se abra a descubrir los grandes misterios que nos rodean y que están en nuestro profundo interior.

Todos tenemos una grabación psicológica humana, no nos damos a la tarea de descubrirnos.

Todos tenemos que recorrer todos los planos de la creación, y elevar nuestro nivel conscientivo más allá de lo desconocido.

Todos los seres vivos nos encontramos en la eternidad, uno más evolucionado que otro, por pertenecer a otro plano de conciencia superior.

En nuestro cuerpo, existe la energía necesaria para vibrar con la dimensión a la cual pertenecemos todos los seres humanos, es importante saber, que los dioses santos del cosmos tienen un nivel de vibraciones muy elevadas, cuya elevación se debe a que ellos pertenecen a unos planos de elevada conciencia cósmica; pero siempre estarán ahí para ayudarnos en nuestra evolución humana con su grandioso amor y su misericordia eterna.

Todo este conocimiento, tenemos que llevarlo a la práctica, ya que sólo así, podemos comprobar lo que estamos hablando.

Una vez, el ser humano pasa de tener grados espirituales, a niveles conscientivos, puede usar las facultades de su Real Ser, y puede invocar a las jerarquías divinas para que lo asistan a cualquier práctica que quiera realizar para ponerse a la disposición de ellas.

Ahora vamos hacer una práctica con los dioses del cosmos "infinito".

Práctica

En el nombre de mi Real Ser y en el nombre del divino maestro ascendido Desoto, invocamos la presencia del muy amado maestro Saint German, amado maestro les pedimos que se haga presente aquí y ahora con su energía, con su amor incondicional para que nos exista a todos los aquí presentes para que nos bañes con su gracia bendita y su misericordia divina, te lo pedimos en el nombre de los dioses santos del cosmos "infinito".

También invocamos la divina presencia de todos los maestros ascendidos para que cada uno de ellos nos envuelva con su luz, su energía, con su gracia y su misericordia infinita, se lo pedimos en este momento, concédanos el privilegio de sentirlo a cada uno de ustedes.

Amados maestros de la hermandad blanca, Desoto, Saint German, Wiracocha, Galeno, Lanto, Lady Nada, también, les pedimos la participación de todos los dioses que representan a los elementales de la naturaleza que nos hagan posible la asistencia de todos los dioses del renglón divino, se lo suplicamos en el nombre de la creación y en el nombre de la ley divina.

Amadísimos dioses de la creación en este momento les invocamos para que nos asista y nos llenen de su energía foática se lo pedimos, se lo rogamos en el nombre de las cuatro fuerzas cósmicas, divino dios todo amado jerarca, te pedimos tu sagrada presencia aquí y ahora, venid hacia aquí concurrid a este llamado divino dios; también, pedimos la presencia del misericordioso dios Sarumá, amado dios de la constelación pleyadina, te pedimos tu sagrada presencia, transpórtate a este lugar y báñanos con tu amor universal y cósmico a todos los aquí presentes te lo rogamos, te lo suplicamos en el nombre de todas las especies vivientes de la creación.

Así mismo les pedimos al divino y grandioso dios Sether, amado jerarca te pedimos tu sagrada presencia, báñanos con tu luz bendita, haz que tu energía penetre en nuestro interior para que nos eleves la conciencia de cada uno de nosotros, que tu energía y tu luz nos concedan nuestra evolución, te lo pedimos amado y glorioso ser, que la luz de tu conciencia nos ilumines en el nombre de la divina conciencia del creador.

Amado y divino dios Sarnack en el nombre de los más altos dioses del rayo de la creación te pedimos que envíe la luz divina perteneciente al centro de la creación donde palpita la pura vida, te lo rogamos divino señor en el nombre de la vida misma.

También les pedimos al grandioso jerarca y divino dios Amunakur que se haga presente y que en esta práctica nos dé una experiencia iluminando nuestros cuerpos y envolviéndonos de su energía foática cósmica, amado dios concédenos la iluminación de nuestro interior, despiértanos aunque sea por un instante, te lo pedimos dios Amunakur en el nombre de la misericordia divina.

Divina diosa Kwan Yin en este momento te invocamos en el nombre de la misericordia divina para que sea tú que nos ayudes con la ley del karma y para que le pida a Anubis y sus 42 jueces de la ley divina que nos alivie la carga kármica de acuerdo con la ley divina y con el merecimiento de cada uno de los aquí presentes, quítanos algunos karmas, perdónalos en el nombre de la misericordia divina.

Le pedimos al divino maestro Desoto que les pida a todas las jerarquías aquí presentes que nos concedan todas las peticiones de acuerdo a nuestros merecimientos; que se cumpla, que se plasme en esta tercera esfera, que así sea y que así sea en el nombre de todas las jerarquías invocadas, amen (tres veces).

Es importante que esta práctica se haga eligiendo un lugar armonioso con un ambiente tranquilo y con una buena fragancia agradable ya que esta es una práctica que necesita plena tranquilidad.

PRÁCTICA CON EL SONIDO DE LA CREACIÓN

El ser humano siempre ha tenido su relación con la naturaleza, con el cosmos y naturalmente con la Creación.

Todo ser humano está conectado a nivel dimensional por medio a todos los sentidos que posee nuestro Real Ser a través del cuerpo físico humano.

Es importante saber que todos tenemos diferentes facultades y que algunas de ellas se le desarrollan a personas que la traen de existencia pasada, esas facultades no todo el que la posee le da buen uso.

Muchas son las personas que le dan mal uso a las facultades traídas de otra existencia y muchos son lo que se ganan diferentes tipos de karmas por falta de conciencia, y por no saber que las facultades son del Ser y no de nosotros, los seres de este plano pensante.

Nuestro cuerpo físico se forma conjuntamente con todos los centros energéticos, esos son los vórtices de energías que necesita el Ser para poder expresarse a través de nuestro cuerpo en este plano de conciencia humana; entonces, es necesario comprender que si tenemos centros energéticos son para la expresión de las diferentes facultades de nuestro Ser Real; eso nos dejas saber con exactitud que las facultades son del Ser y no de nosotros la parte pensante de nuestro cuerpo celular.

Una vez el ser humano aumente el nivel de conciencia las facultades comienzan a desarrollarse, pero ya conscientemente.

No podemos tener una mente malvada, no estaría bien tener una facultad con una mente orgullosa y con odio, rencor, soberbia, ira y con resentimiento, sería como un niño jugando con una pistola sobada, lista para disparar.

Una persona con todo estos defectos no puede tener estas facultades, por una vez que le hagan algo malo, que no le guste, enseguida echa mano de las facultades; entonces, sería el ego quien utilizaría las facultades en contra del prójimo.

El Venerable Maestro Ascendido Desoto siempre decía; y en todas sus obras literarias lo dice, que todos tenemos que hacer una limpieza interna para que la luz brille en nuestro interior, para que nuestro Real Ser aflore con todas sus facultades, entonces sí podemos usar las facultades de nuestro Ser con conciencia y para el bien, no para el mal como lo usaría el ego.

Tenemos que tener claro que todos los seres humanos somos criaturas vivientes como lo son otras que vienen o van en evolución hacia otro plano de conciencia y que estamos conectados con la Creación por medio de los diferentes chakras o vórtices de energías que en nuestro cuerpo existen; entonces, podemos relacionarnos con todas las dimensiones por medio a la cuatro fuerza de la Creación.

Todos tenemos esa cuatro fuerzas en nuestro interior y podemos invocarlas para que nos revolucionen y pongan en movimiento todos los vórtices o chakras que hay en el nuestro interior.

La práctica para oír el sonido de la Creación es importante que se realice en un lugar, completamente, tranquilo; ya que ésta, es un ejercicio que tiene que ver con algunas experiencias o manifestaciones divinas.

Las jerarquías no se manifiestan en ningún lugar que no sea armonioso, y que no esté debidamente preparado para sus manifestaciones divinas.

ESTÁ

LEYENDO

PRÁCTICA CON LOS

ELEMENTALES

Para realizar esta práctica tenemos que estar en plena armonía, ya que cuando estamos en plena práctica, estaremos en presencia de las jerarquías invocadas, y como siempre, hay que tener pleno respeto hacia ellas.

Práctica

Padre mío, señor mío, en el nombre de las jerarquías divinas y en el nombre de la Creación, te pedimos, te suplicamos , que oiga nuestra súplica, y que nos conceda la gracia, y el privilegio de oír los sonidos de la Creación; la manifestación de los latidos de la vida misma; invocamos en el nombre de los diferentes dioses del cosmos, la primera fuerza de la Creación, la fuerza del padre, venid hacia aquí; llena nuestro interior, amada y divina fuerza del padre, divina sabiduría cósmica, en el nombre de los divinos dioses santos y en el nombre del fuego sagrado de la Creación, pon en actividad nuestro sistema energético para que nos transporte conscientemente a los mundos internos y nos ponga a oír el sonido de la Creación en nuestro interior;

También, le pedimos a la madre cósmica, a la segunda fuerza de la Creación, que nos asista en nuestro interior; y que revolucione nuestro sistema energético para que nos ponga en contacto con el sonido de la Creación; amada y divina fuerza, te pedimos, te suplicamos, en el nombre de la Creación; que nos desarrolle nuestro oídos internos para poder oír todo lo que tenga que ver con la Creación; también, les suplicamos, les rogamos en el nombre de las más altas jerarquías cósmicas, la presencia de la fuerza del Cristo cósmico y la presencia de los grandes arcanos mayores, para que nos den la experiencia de oír el sonido de la Creación, revolucionen en nuestro interior el sistema energético, impregnándolo de su energía, y conectándolo con el sonido de la Creación, en el nombre del divino Maestro Desoto, en el nombre de nuestro gurú, se lo pedimos.

Invocamos en este momento, las fuerzas de las jerarquías dévicas, divinas jerarquías, en el nombre de la fuerza gestadora del cosmos, les pedimos, que les ordenes a todos los elementales de todos los reinos, que nos hagan posible oír el sonido de los diferentes reinos de la Creación; en el nombre de la madre gestadora, se lo pedimos.

En el nombre de los divinos dioses y Maestros Ascendidos, Galeno, Hermes Trimegistro, Ángel Adonai, Wiracocha, y en el nombre de la misericordia de los dioses, representantes de la ley divina, le pedimos a la fuerza del espíritu santo; dador de la vida, que conjuntamente con la fuerza del padre, de la madre y la fuerza Crística te pedimos, te suplicamos, que revolucionen en nuestro interior todas las energías aquí invocadas para que nos hagan oír el sonido de la Creación a cada uno de los aquí presentes, se lo suplicamos, se lo rogamos en el nombre del amor universal y en el nombre de la misma Creación; que así sea (tres veces). Amén, amén, amén.

LOS REINOS DE LOS ELEMENTOS

En este capítulo tenemos que hablar de otros reinos, que para el ser humano, son completamente desconocidos; más para aquél que ni siquiera conoce el camino evolutivo.

Existen muchas enseñanzas que hablan de que existen unos reinos primarios conocidos como: el mineral, el vegetal, el animal y el humano.

También, existen muchos que son reinos superiores, llamados: el angelical, el de los maestros de la luz, maestros ascendidos, dioses santos; éste último es catalogado como: (reino divino).

No todo el conocimiento divino está expresado, existen enseñanzas que se pueden nombrar de acuerdo al nivel de conciencia de un grupo o personas que se encuentren en el camino evolutivo.

Cuando nosotros bajamos, como chispa divina, no fue directamente a los reinos primarios; sino, a los reinos donde se encuentran los elementos de la naturaleza, éstos, también, poseen vida, ellos están sometidos a la misma ley que nos rige a todos los seres humanos, (la ley de la evolución).

No podemos dejar atrás esos reinos, donde se desenvuelven los diferentes elementos, que también son conciencias luminosas, que se desprendieron de la conciencia superior de Dios.

Cuando Jehová hizo el Planeta, primero trajeron los elementos de la naturaleza como chispas divinas; luego, apareció el hombre, éste fue traído desde una parte del cosmos, desde otro pralaya, desde otra noche cósmica, es ahí donde el ser humano no puede comprender de donde provienen las diferentes razas que existen en este planeta Tierra, y que son una diferente a la otra.

En el camino de la evolución humana, tenemos que integrar todo lo que tenga que ver con la naturaleza y la creación; pero, mientras tanto, hay que ir concientizando poco a poco a aquellos que buscan de una manera u otra el camino de regreso a casa.

Mientras el ser humano no comprenda que todos somos parte de la naturaleza y que ella nos lo da todo; entonces, podrá conocer el camino que lo conduce a la evolución humana; inmediatamente, comenzaremos a reconocer que tenemos que cuidar la naturaleza, entonces nos cuidaremos nosotros mismos.

En esta obra estaremos explicando la importancia que tienen los reinos de la creación en nuestra evolución humana.

La gran mayoría de la humanidad desconoce, totalmente, cuál es el verdadero camino que nos conduce a trascender el plano humano; entonces es aquí, en esta obra, que iremos concientizando a cada uno de lo que lean estos sabios capítulos que están llenos de grandes sabidurías evolutivas.

Ahora vamos a explicar un poco lo que son los mundos de los elementos; que, también, pertenecen al camino de nuestra evolución humana.

Ahí, en estos mundos, nuestra chispa divina se encuentra en unos diminutos puntos luminosos; que, a través de sus pasos por esos reinos, también, va integrando la conciencia que existe en esos mundos. No podemos creer que esa conciencia no tenemos que integrarla; esos, también, son mundos que pertenecen a la misma creación; por lo tanto, todo lo que existe por fuera, tenemos que integrarlo en nuestro interior para que nuestra creación interna esté completa con todos los elementos que componen una creación. Ejemplo: todos los seres humanos no podemos vivir sin el elemento aire, tampoco podemos vivir sin el elemento agua, y siguiendo ese orden, todos necesitamos los cuatros elementos que en la creación existen.

Es importante saber que los elementos son los que sostienen la naturaleza de este plano. Ejemplo: todos necesitamos el aire para poder respirar, el agua para sostener la vida de todos los seres vivos que existen en este planeta y sus reinos sean humano, animales, vegetales, minerales o de cualquier especies que tenga vida.

Donde quicra que exista un planeta escuela, un planeta completamente evolutivo, tiene, por lógica superior, que existir los elementos que van a sostener la vida de todas las especies vivientes.

Cuando los dioses, encargados de la evolución de un sistema solar, crean un planeta, lo primero que bajan son los elementos de la naturaleza; ellos son los que descienden como chispas divinas para comenzar su evolución; entonces, todos los que pertenecemos a este plano, tenemos que cuidar el medio ambiente para no hacerle daño a esos reinos; por lo tanto, no podemos contaminar el aire, las aguas, la tierra y en realidad toda la naturaleza en su conjunto.

Todo está en perfecto orden dentro del cosmos y sus manifestaciones, desde el equilibrio cósmicos hasta las leyes que rigen todos los planos de la creación, todos estamos sometidos a la ley de la evolución continua.

Cada elemento representa una jerarquía del mundo dévico llamado (dioses); ellos son los que se encargan de la evolución de todos los elementos en el camino ascendente, los silfos y sílfides son los que se encargan de limpiar y purificar todo el aire que respiramos todos los seres humanos de este plano, más el ser humano, que ni siquiera sabe que existe ese tipo de conciencia, que se encuentra diluida en el viento.

Los silfos y sílfides son esencias luminosas que vienen en evolución hacia otro reino, internalizando así la conciencia, y las experiencias del reino, ya evolucionado.

Tenemos que dejar claro que siempre estarán bajando chispas luminosas que vienen en busca de su evolución.

PRACTICANDO

CON

LOS ELEMENTALES

Todos somos parte de la naturaleza y debemos cuidarla.

Los elementos, el mundo mineral, vegetal, animal, angelical y divino, son fichas del mismo ajedrez; todos vamos en evolución, y precisamente, nuestro objetivo es llegar a la verdadera realidad superior; pero antes tenemos que pasar por los diferentes mundos evolutivos.

Jamás volveremos hacia atrás, siempre iremos ascendiendo, no existe ninguna chispa o esencia divina que tenga que retroceder a un plano por donde ya haya pasado.

Cuando se integra la conciencia de un plano la misma ley de la evolución se encarga de mover a ese Ser a la siguiente dimensión.

EL COSMOS

Y

NUESTRO INTERIOR

ES UN MISTERIO,

¡DESCÚBRELO!

NUESTRA RELACIÓN CON LOS ELEMENTOS

El ser humano, por tener una relación con el mundo de los elementos, nos vemos en la obligación de protegerlos, primero: todos los animales, los bosques, los cuerpos de agua, no contaminar el aire, y en realidad cuidarnos nosotros mismos, cumpliendo con todo eso estamos protegiendo nuestro Planeta, que también, posee vida; entonces eso nos hace tener una relación con los elementos de todos los reinos.

Todos los seres humanos necesitamos de todos los elementos para poder vivir, esto debido a que, nuestros cuerpos nos lo da la naturaleza, ella tiene el deber de mantener nuestro cuerpo físico y suplirnos los alimentos, el aire, el agua y todo lo que venga de ella.

Hablando de nosotros, la parte interna, ese que piensa, el que sueña, el que habla y el que observa, a través, de los ojos; ése es el que va en evolución, ése es el que crece a través de los reinos, esa es la parte de Dios, nuestro Ser.

Una cosa es el cuerpo físico y otra cosa es nuestra parte interna, ésa es la que viene, a través, de los planos o de los diferentes mundos evolutivos revistiéndose con cada cuerpo que le da la dimensión; y que ese Ser ha construido.

Necesitamos disciplinarnos como seres vivientes de la Creación, tenemos que cada día que pasa hacer conciencia, de que si le hacemos daño a la naturaleza, nos estamos haciendo daño a nosotros mismos, no podemos contaminar los cuerpos de aguas, ellos son los que le dan la vida a muchos seres vivientes de los diferentes mundos de la naturaleza.

Sin agua nuestro planeta no puede vivir, ni mucho menos sus seres vivientes, todos necesitamos del aire, agua, fuego y de la tierra; ¿cree usted que puede vivir sin agua?

El ser humano ha perdido, completamente, el amor por la naturaleza y sus elementos, si no existieran los elementos tampoco pudiera existir la evolución de un reino a otro, ellos son conciencias que se encuentran en esos mundos que no podemos ver a simple vista, sólo aquellas personas que posean el don de la clarividencia pueden ver a esos elementos moverse en sus mundos.

Los reinos de los elementos son tan importantes como el reino mineral, vegetal, animal, humano y todos los planos de la Creación en su conjunto.

Antes del ser humano existir en este plano, primero pasó por esos mundos; todos tuvimos que integrar la conciencia del mundo gaseoso que está regido por las jerarquías dévicas.

Las jerarquías dévicas son la que se encargan de mover, de un reino a otro, todos los seres vivos de esos mundos que pertenecen la naturaleza y la Creación.

En nuestros cuerpos, existen como componentes todos esos mundos; ejemplo: existen en nuestro interior sistemas que tienen que ver con el mundo gaseoso, sin ese sistema no podemos vivir, seríamos cuerpos completamente sólidos.

Todos tenemos que estar conscientes que somos seres compuestos por todos esos reinos de la naturaleza y que tenemos esa conexión con todos esos mundos de la Creación.

También, existe un sistema en nuestro cuerpo que se encarga de la parte mineral, esa tiene que ver con el sistema sanguíneo, sin ese elemento estaríamos incompleto.

Entonces, en nuestro interior tenemos integrados el sistema gaseoso, el sistema mineral y el vegetal entre otros; de no ser así ¿cómo íbamos a destruir los alimentos y digerirlos?, ¿con qué sistema nuestro cuerpo iba hacerlo?, ¿en base a qué los médicos iban hacer un estudio para saber qué aplicarle a ese sistema sanguíneo y medir el nivel mineral en nuestro cuerpo?

El ser humano tiene que saber de sí mismo, porque aún no sabe de qué se compone su cuerpo físico, ni mucho menos sabe de dónde viene su parte interior, son dos cosas muy diferentes; el cuerpo físico viene de la naturaleza, y la parte interna, que somos nosotros mismos, viene de Dios, esa es la parte que evoluciona en nosotros.

El ser humano está regido por las diferentes leyes de los mundos, ya recorridos; hablando evolutivamente, estamos conectados con lo antes y con lo de después.

En este capítulo estamos concientizando y enseñando a todo aquél que lea esta obra, que comprenda que todos somos parte importante de la naturaleza, somos fichas de un solo ajedrez, (la Creación).

No sería nada agradable que en la naturaleza no existieran los pájaros, el aire, los cuerpos de aguas, el fuego, y muchas cosas más que son importantes para el ser humano.

Además, de no existir todo lo mencionado, no sería posible la evolución de los elementos de la naturaleza que son conciencias desprendidas de Dios.

Hemos dicho que si los elementos se mueven y tienen vida, es porque ellos son manifestaciones del divino creador, de todo lo que existe, y también, vienen en evolución.

Los elementos nacen de las cuatro fuerzas de la Creación; ahora vamos a darles una explicación de cómo nacen los elementos, cuando los dioses santos deciden hacer una galaxia, invocan las cuatro fuerzas de la Creación que son la fuerza del padre, la de la madre cósmica común; también, tenemos la fuerza del Cristo que es el hijo, la del Espíritu Santo, que es el que les da la vida a todos los seres vivos que existen en la Creación; entonces, ahí tenemos, padre, madre, hijo y Espíritu Santo, esas son las cuatro fuerzas con la que se hace una galaxia.

Desde el preciso momento que se forma, comienza la individualidad de todas las conciencias que existen en el núcleo o centro de ella; entonces, de acuerdo a la rotación de la galaxia es cuando se desprenden los elementos que son chispas de conciencias, que vienen con su individualidad en busca de su evolución superior.

No podemos creer que nuestra chispa divina se desprenda de alguna parte del cosmos, de donde no existe ninguna fuente de energía circular.

La conciencia de Dios está diluida en el cosmos, pero no podemos creer que una chispa va a estar errante en el vacío dentro del cosmos, la chispa tienen que partir de una fuente de energía donde exista un cúmulo de conciencia permanente.

LA TRANSICIÓN DE LOS SERES VIVOS

Cada mundo encierra su conciencia que luego se convierte en experiencias para los seres vivos que por ellos transitan.

Existen seres vivos que se encuentran en un mundo de transición, de un plano a otro, ejemplo: en el mundo de los elementales, el elemento aire tiene su transición en las diferentes facetas conscientivas entre el mundo del elemento aire y el mundo animal, esta son las aves, ellas todavía no pertenecen por completo al mundo animal porque están bajo las leyes del mundo donde existen los silfos y los sílfides del aire, solo las aves pueden volar.

En ese mundo de transición solo existen seres vivos que poseen plumas, ningún ser que no tenga plumas puede volar.

En el existen diferentes forma de vida que poseen dos patas, y otras poseen cuatros.

Ahora podemos hablarle de otro mundo que también está en transición, ese es el mundo del elemento agua; existen forma de vida acuática que viven bajo con el elemento agua y que también ya poseen movimiento propio que pertenece al mundo animal, esos son: los cocodrilos, los peces y muchas de la vida marinas.

Así como existe la transición humana así mismo la hay en todos esos mundos.

Existen vidas marinas con movimiento como también la hay en el elemento aire, todas esas vidas pertenecen a los mundos que están en su transición de un reino a otro, eso significa que todavía no pertenecen por completo al mundo al cual van a pertenecer.

Hemos explicado en otro capítulo que hay forma de vida en un reino que tienen dos patas y también la hay que tienen cuatros patas;

Tenemos que decir que aquellas que poseen dos son las formas de vidas que están en transición, un ejemplo de esto son los chimpancés, los monos que todavía poseen pelos, si llegaran a observar el comportamiento de ellos se darán cuenta del parentesco de ellos con los humanos.

ANALICE

LOS MUNDOS

EN TRANSICIÓN

El ser humano tiene que volver a estar en contacto con los diferentes mundos de los elementales ya que todos somos parte de la naturaleza y llevamos en nuestro interior la conciencia integrada en nuestros cuerpos; somos partes de la creación misma, somos conciencias en evolución y vamos rumbo a la inmensidad macro cósmica más allá de nuestro origen, hacia nuestro verdadero nacimiento superior, siguiendo el ritmo de la evolución en un caminar eterno.

Existen prácticas que nos conectan con todos estos mundos y que pueden sensibilizarnos y sentir la vivencia nuestra con el mundo de los elementales.

Práctica

En el nombre de las jerarquías divinas y del divino creador de todo lo que existe les pedimos al dios de los elementales del aire Pavana, divino dios tu que te encarga de la purificación del aire, te pedimos te suplicamos que les ordenes a los silfos y sílfides del aire que nos limpien y nos purifiquen nuestros órganos internos, te los suplicamos amadísimo dios.

Amado jerarca te pedimos que cure cualquier órgano que se encuentre enfermo ya que tu tiene el poder y la gracia de curarlo por medio del oxigeno y a través del sistema sanguíneo, te pedimos que de acuerdo al nivel del karma tu nos conceda esa petición amado jerarca, en el nombre de los divinos dioses santos y en el nombre de la naturaleza misma que así sea en el nombre de dios.

En este momento invocamos la presencia del divino Raél dios de los cristales, amado y divina jerarquía en el nombre de la misericordia de los amados jerarcas del rayo de la medicina, te pedimos que nos invoque la presencia del muy amado maestro Galeno, amadísima jerarquía en el nombre de los 42 jueces de la ley del karma te pedimos, te suplicamos que sea tu divino maestro que use la energía de los cristales y que conjuntamente con el divino dios Raél nos cure nuestros órganos que se encuentren enfermos en nuestro interior, te lo pedimos en el nombre del tribunal supremo de la ley del karma, que así sea amadísimos dioses, que se cumpla en el nombre del rayo de la medicina, amen (tres veces).

Esta práctica se hace de acuerdo al sitio donde uno se encuentre; ejemplo, si uno está en un campo abierto, puede hacer la práctica del aire; ahí podemos invocar a los silfos y sílfides del aire para que sean ellos lo que hagan la purificación de nuestros órganos internos.

Otra de la práctica que podemos hacer es la de los cristales; esta práctica la podemos hacer en un lugar donde podamos estar descalzos, en contacto con la tierra, para que así la energía de ella pueda penetrar por nuestras plantas de los pies, es así que todos podemos estar en puro contacto con la naturaleza, y con los elementos, ya que hemos perdido esa vivencia y la sensibilidad con ella y sus mundos.

PRÁCTICA

CON LOS

ELEMENTALES

NUESTRA TRANSICIÓN EN EL CAMINO DIVINO

El ser humano que siempre ha buscado el camino de la evolución de su Ser, también está consciente que tenemos que ayudar a todos aquellos que buscan la unión con su Real Ser interno.

Es importante hacer conciencia de que nosotros queremos ser parte de la transición humana; dentro de lo que es el camino de la evolución de este plano dimensional.

Todos los seres humanos que ya nos encontramos listos para dar el paso hacia otra dimensión, tenemos que acelerar nuestros trabajos internos para convertirnos en seres luminosos, pertenecientes a una dimensión superior.

Estamos a punto de dar un paso muy importante en la creación y en la dimensión en la que nos encontramos.

Todos lo que nos encontramos en este camino ya pasamos por las experiencias de haber pertenecido al mundo de las creencias de las diferentes religiones, ya que ese no es un camino investigativo ni un medio que nos lleve a descubrir los grandes misterios de las dimensiones, mundos, submundos y grandes realidades de la creación.

Cuando el ser humano está cansado de pertenecer al mundo de la creencia comienza las investigaciones de las dimensiones, de nuestro crecimiento, de las investigaciones cósmicas y de su propia existencia como ser humano.

ESTÁ LEYENDO

PRÁCTICA

CON LOS

ELEMENTALES

La evolución de un ser vivo que va en ascensión de un plano a otro; no puede creer que esa evolución va a brincar de un plano, sin pasar por un sub plano, a otro; no es posible; porque la creación no da saltos, todos tenemos que integrar la conciencia completa de la creación;

De ser así, no existieran pájaros en la naturaleza, ni mucho menos la vida marina en el mar, ni tampoco los insectos; esas son manifestaciones de los diferentes reinos que existen y que de todas maneras siguen siendo vidas que tienen su movimiento.

Estamos hablando de los primeros reinos que poseen diferentes facetas de vida y que tienen diversos movimientos dentro de su forma.

Ahora tenemos que hablar de cómo puede ser nuestra transición humana en la creación y dentro de nuestra dimensión al plano siguiente;

no podemos creer que todos los seres humanos que estamos en el camino de la ascensión vamos a evolucionar dejando un cuerpo de materia para revestirnos con un cuerpo de luz o de energía, nosotros también tenemos que tener un cuerpo de transición dentro de nuestra ascensión humana.

No está muy lejos de que ese evento se dé en esta humanidad; claro está, con aquellos que están en el camino divino y que están ayudando a la evolución de otro y cuidando de la naturaleza y sus seres vivos.

De darse cualquier evento de ascensión en el planeta, nosotros los seres humanos que estamos en el camino evolutivo y trabajando por nuestra ascensión, no es que vamos a tener un cuerpo de luz ascendido, sólo aquellos que han llegado a iluminar su interior pueden acceder a obtener su cuerpo de luz, no ascendido, pero si evolucionado, perteneciente a la quinta dimensión.

Una cosa es una humanidad ascendida y otra cosa es una jerarquía divina ascendida, la parte humana tiene que pasar por una transición de plano dimensional hasta que llegue el momento de que haya hecho su trabajo de purificación y por la humanidad; entonces, se hará posible que pueda sumergirse en los mundos estéricos de la creación, en los mundos ascendidos.

En esta obra literaria tenemos que hacer posible realizar todas las prácticas que aquí se han escrito en los diferentes capítulos; es importante convivir con la naturaleza, estar en contacto directo con ella, ya que nosotros somos parte de ella y llevamos en nuestro interior su sabiduría y su conciencia integrada.

También, tenemos que saber que los elementos tienen que obedecer a las diferentes jerarquías dévicas de esos mundos los cual están encargadas de su evolución; sin su permiso, los elementos no pueden manifestarse; entonces, para hacer cualquier práctica, tenemos que invocar la presencia de las jerarquías dévicas que se encuentran en los mundos de la naturaleza.

Cuando las leyes de la creación tienen que cobrar algunas violaciones, necesitan de los elementos del aire, fuego, tierra y agua; ellos son los que se manifiestan a través de la naturaleza, como por ejemplo: un tornado, un huracán, una inundación, la explosión de un volcán, derrumbe de tierra, estamos mencionando eventos que tienen que ver con los elementos de la naturaleza y que ella usa para ajustar deudas kármicas que han sido ganadas por violaciones de sus propias leyes.

Existen zonas en el planeta que son altamente pobladas y se encuentran situadas justamente a orilla de volcanes, de ríos y de grandes cuerpos de aguas. Estamos hablando que cuando las leyes de la creación quieren cobrar todas las violaciones que contra ella se han hecho, busca la forma de ajustar cuenta, y es colectivamente, y de esa manera, que lo hace.

Todo aquél que quiera profundizar en estos temas del cumplimiento de las leyes puede acceder al libro del venerable maestro ascendido Desoto llamado: SI TU QUIERES PUEDES.

Si el ser humano no violara las leyes de la naturaleza no existieran las grandes catástrofes colectivas que siempre afectan ciudades completas y regiones, muriendo mujeres, niños y ancianos.

Tenemos que dejar de contaminar los diferentes cuerpos de aguas; ellos son lo que nos dan grandes beneficios y también, es un elemento de la naturaleza y de la creación.

Por otra parte, cuando talamos los bosques estamos contribuyendo a que haya contaminación en el medio ambiente; debido a que, si no hay suficientes árboles el aire no puede ser purificado.

JERARQUÍAS QUE RIGEN A LOS ELEMENTOS

En los primeros mundos de la creación, que rigen a los elementales, existen jerarquías que están encargadas del avance y de la evolución de esas conciencias que vienen por los mundos dévicos; a medida que ellos van pasando de una faceta a otra, las jerarquías de esos mundos van dirigiendo su evolución, y a la vez, cumpliendo con las leyes de los mundos dévicos.

Como en todos los planos, todos los seres vivos, de las diferentes especies, están regidos por leyes que regulan su paso evolutivo y de conciencia.

En los mundos de los elementos, la misión de las jerarquías dévicas es ayudar en la evolución a todos los seres vivos que están en sus primeras facetas evolutivas y que se encuentran en transición de un plano a otro, esos elementos no poseen el libre albedrío que los seres humanos tenemos; el mismo nombre lo dice: (elementales chispa divina en embrión).

A medida que avanzan integrando toda la conciencia, su cuerpo se va haciendo más visible en los mundos físicos de la creación; ejemplo: las ondinas y nereida del agua no se pueden ver a simple vista, solamente la pueden ver los clarividentes con sus facultades del tercer ojo.

También, tenemos los silfos y sílfides del aire, ellos son los que purifican el aire, por lo tanto tienen esa misión dentro de esos mundos de la naturaleza.

Hemos hablado de dos elementos muy importantes dentro de lo que son los mundos no visibles de la creación.

Ahora vamos hablar de otros elementos que, también, son tan importantes como los ya mencionados, los gnomos y pigmeos de la tierra.

Estos elementos obedecen a las jerarquías dévicas, ellos se encargan de poner en orden algunas de las violaciones que se cometen en contra de su mundo, ya que la ley divina es la que se encarga de cobrar dichas violaciones.

El elemento fuego, éste como otro, tiene su función en la naturaleza, tenemos que saber que el fuego se puede ver a simple vista, pero no se puede ver la parte más importante de él, que son las salamandras del fuego, estas también se encargan de la purificación de nuestros cuerpos, cuando uno hace una práctica con el fuego para nuestra purificación, son las salamandras la que limpian y purifican el ambiente y nuestros cuerpos físicos e internos.

Estamos hablando de los diferentes elementos que existen y que sabemos que son tan importantes en la naturaleza y para los seres humanos, sin ellos la creación estaría incompleta ya que son conciencias que vienen en evolución.

Es importante saber que cuando invocamos los elementos, no estamos invocando algo que no tiene vida, por alguna razón lo hacemos, algún objetivo tenemos para invocarlo; cuando lo hacemos estamos esperando alguna manifestación, algún beneficio de ellos; entonces, sabemos que son manifestaciones del divino creador que se encuentran viviendo en unos mundos no visibles para el ser humano; de la tercera esfera de la creación, el mundo de las energías negativas; donde transformamos la energía de nuestro Real Ser, a través, de nuestra parte pensante.

El ser humano ni siquiera sabe el por qué existen tantas variedades de seres vivos dentro de los diferentes reinos que existen en la Creación.

Si llegáramos a explicar el por qué existen en el mundo animal las tantas formas de vida que poseen plumas, entre ellas tenemos las diferentes aves voladoras, gallinas, cotorras, pájaros carpinteros, entre otras, en ese mundo son muchas las facetas de conciencia que no podemos mencionarlas todas, y que existen en el reino animal.

Si el ser humano estuviera más despierto, evolutivamente hablando, también, investigara más a fondo, el por qué existen tantas variedades de animales de pelos, que no podemos mencionarlos todos porque nos llevaría mucho tiempo clasificarlos.

El mundo animal es muy amplio porque están los acuáticos, los diferentes que poseen pelos, las aves que, también, poseen plumas, si nos ponemos a pensar en todos los animales que poseen pelos, tenemos que darnos cuenta que existen tantas facetas de conciencia en el reino animal como en todos los reinos de la Creación.

También, tenemos que hacer énfasis en los sub-reinos; ésos son los que se encuentran en transición de un reino a otro, uno de ellos es el mundo acuático, que también, tiene sus diferentes facetas con diferentes formas de vidas y especies; entre las facetas se encuentran las ballenas, tiburones, peces pequeños de diferentes colores, entres otros.

QUEREMOS QUE HAGAS CONCIENCIA DE LO QUE SON LOS MUNDOS Y LOS SUBMUNDOS

Estamos hablando de un tema muy interesante dentro de lo que es la evolución y los mundos evolutivos y sus especies.

Ahora tenemos que seguir hablando del mismo reino animal; en las diferentes formas de vidas animal, existen especies con dos patas y otro tienen cuatros, ejemplo: las aves, ellas tienen dos patas; si observan ninguna ave posee cuatros patas, pero sí poseen plumas, eso significa que todavía es una especie que pertenece a un submundo de la creación.

Dentro del mismo reino animal encontramos las especies de cuatros patas, ahí tenemos el caballo, el cabro, el perro, conejo, el gato entres otros, todos poseen pelos, y aún pertenecen al mundo animal, también, tenemos la tortuga, el cocodrilo que, también, poseen cuatro patas, pero ellos todavía pertenecen al submundo acuático (mundo de transición).

El ser humano de este plano tiene que investigar los grandes misterios que encierran los mundos y los submundos de la creación.

Investigando, sabemos, pero si creemos nos quedaremos en la ignorancia humana.

Creer no es saber, hay que investigar.

AVANZANDO HACIA LO INFINITO

Nuestra chispa divina como conciencia que es, tiene que comenzar un gran recorrido por los diferentes mundos para integrar todo tipo de conciencia; y así, seguir avanzando a través de las diferentes facetas dimensionales, sometida a las ya existentes leyes de la naturaleza y de los mundos.

El camino es largo y las leyes son muchas a la cual seremos sometidos a través de las eternidades de los mundos.

En nuestro camino es mucho el trabajo que tenemos que hacer para poder avanzar y crecer conscientemente en la longitud del camino.

Siempre habrá una ascensión en este camino, nunca se dejará de caminar en la evolución y en el sendero divino.

Si llegáramos a estudiar este sendero evolutivo nos daríamos cuenta que este es un caminar que nunca tendrá fin.

En el libro CAMINANDO MAS ALLA DE NUESTRO ORIGEN; explicamos la profundidad de la evolución y la longitud del camino; también, hablamos del regreso a la luz.

Son muchas las personas que quisieran saber si hay algo que los conduzcan a un camino más profundo y que les brinden respuestas a su preguntas, pero mientras no reconozcan que la naturaleza es una parte de ellos, jamás conocerán lo que es la profundidad, y el saber consciente del camino evolutivo que nos conduce más allá de nuestros orígenes.

Tenemos que comenzar por conocernos nosotros mismos para poder conocer la profundidad del cosmos y sus misterios.

Para conocer a Dios tenemos que estudiar la naturaleza, saber qué son los elementos de la naturaleza, e investigar qué papel juegan ellos con nosotros, ¿por qué existen?, y qué papel desempeñan ellos en nosotros, ¿cuál es su función con los seres humanos?; si llegáramos a entender todo esto; estaríamos comenzando a respetar las leyes de la creación y de la naturaleza.

Tenemos que explicar en realidad que todos los seres humanos somos un conjunto de sistemas que tienen vida; y que también, evoluciona; poseemos un sistema sanguíneo, inmunológico, digestivo, respiratorio, intestinal, urinario, cerebral, nervioso, linfático energético, y en realidad todos los mencionados tienen que ver con la naturaleza, y a la vez mantenido por ella.

Si observamos que nuestro cuerpo pertenece a la naturaleza y nuestro interior a Dios.

Nuestro interior es la única parte que investiga y evoluciona, esa es la parte divina que necesita de la espiritualidad para avanzar en el camino directo hacia lo desconocido y hacia lo inmanifestado.

Todo aquél que se encuentre en el camino de la creencia, jamás podrás avanzar en el sendero divino, porque creer no es investigar; el que investiga sabe, pero el que cree no podrás saber.

Tenemos que cumplir con nuestra misión ayudando a la humanidad, solo así aceleramos nuestra evolución, nuestro trabajo interno y cumplimos con la divinidad en este plano de conciencia humana.

Existen humanidades que no tienen todos estos sistemas que hemos mencionado anteriormente, ellas no pasan por ningunos de estos reinos; por lo tanto, no han integrados estas experiencias perteneciente a estos planos.

Muchas de estas humanidades no poseen el sistema digestivo ni tampoco el inmunológico, entre otros.

Existen muchos planetas con diferentes tipos de vidas donde no hay reinos como los nuestros; entonces, tenemos que decir que su evolución y su alimentación no es la misma que la que existe en nuestro planeta.

Cada dimensión y humanidades tiene su sabiduría de acuerdo con su forma de vida y a sus reinos; entonces, tenemos que explicarle que la sabiduría de Dios es infinita porque cada humanidad tiene diferentes conciencias de acuerdo con su forma de vida y su evolución.

BUSCA LA VERDAD

DENTRO DE TI

Si el ser humano se detuviera a estudiar de dónde viene, se daría cuenta que él es un misterio dentro de lo creado; y que también, tiene su relación con el universo y el cosmos.

Todos los seres humanos somos una ficha que desempeñamos un papel dentro de lo infinito y dentro de Dios, todos somos partes de un mismo cuerpo y estamos conectados por el hilo precioso de la divinidad; ningún ser humano dentro de su cuerpo posee un sistema adicionar, todos tenemos los mismos dentro de nuestros organismos.

El ser humano es un compuesto que posee dos partes, una de ella es, el conjunto de sistemas que compone nuestro cuerpo que ha sido construido por la internalización conscientiva de los diferentes mundos ya mencionados;

La segunda parte del ser humano nació de la conciencia superior de Dios, esa es la parte de nuestro interior que va en evolución, la parte divina, lo que somos en realidad, esa parte va creciendo a medida del caminar de las existencias integrando todas las experiencias de cada mundo por donde pasa;

Esos mundos fueron creados para darle seguimiento a la evolución.

La evolución es individual dentro de la creación, pero está unida al macrocosmos, ya que estamos dentro de un cuerpo que también va en evolución.

Este conocimiento que estamos explicando ya ha sido plasmado en otra literatura de quien está escribiendo en este momento.

En el libro MAS ALLA DE LA CREACION, Y CAMINANDO MAS ALLA DE NUESTRO ORIGEN se encuentran estos temas completamente detallados, ya que el presente autor se encuentra en el camino de la evolución, rumbo a la auto-realización de su Ser interno.

RECONCILIÁNDONOS CON LA NATURALEZA

A través de las existencias, el ser humano ha venido cometiendo una serie de delitos en contra de los elementos de la naturaleza y sus mundos, pero existen personas que ya han despertado y se encuentran en el camino de la conciencia superior, de regreso a casa.

Ya en el grado que nos encontramos, en ese regreso victorioso, tenemos que ir pidiéndoles perdón a la naturaleza por todos los daños que le hemos hecho a sus diferentes elementos, que tanto nos ha dado en todas las existencias; por la cual hemos pasado y que por estar dormidos una y otra vez le violamos sus leyes.

Tenemos que decir que hemos sido injustos hasta con nosotros mismos; el ser humano ha sido inconsciente con el planeta, la naturaleza y con su propia existencia como ser vivo que es.

En este libro queremos que todos aquellos que lo lean puedan comprender que todos somos la naturaleza en su parte evolutiva; el ser humano no puede vivir sin respirar, porque si llegara a faltarle el oxigeno nuestro sistema sanguíneo, dentro de nuestro cuerpo colapsaría, y al mismo tiempo nuestra existencia.

En el mismo renglón; también, no podemos vivir sin el agua, ese es otro elemento que nuestro cuerpo necesita para poder seguir viviendo; sin ese elemento nuestro cuerpo se deshidrataría por falta de agua en nuestras células.

El cuerpo humano tiene una tercera parte de agua, la otra parte es materia, que también, nos la mantiene el mundo vegetal que es la que nos da la energía vital en nuestro cuerpo.

Por medio de esta lectura, hacemos un llamado para que recapacitemos y logremos de una vez y por toda reconciliarnos con los elementos, ya que nuestra vida depende de la naturaleza que tanto daño le hemos hecho.

Ya que este libro se titula PRÁCTICA CON LOS ELEMENTALES; existe una práctica de reconciliación con nuestro amado Ser del planeta para la reconciliación; y a la vez, pedirle perdón por las violaciones cometidas a través de todas nuestras existencias.

Este tipo de práctica se hace de acuerdo con lo que usted tenga que trabajar de su interior, si usted cree que le hizo mucho daño a la naturaleza contaminándole los cuerpos de aguas; entonces, esa es la parte que tiene que trabajar; por otro lado, si le hizo daño, contaminando el aire; también, tiene que pedirle perdón por haber hecho ese daño.

Son tantas las violaciones que le hemos hecho a la naturaleza que nos llevaría toda una existencia para quedar libre de deudas kármicas.

El ser humano tiene tantas deudas con la creación que sólo buscando el camino de la evolución podemos pagar nuestras deudas y las violaciones que hemos cometidos.

Cuando le matamos un pajarito ya estamos cometiendo un delito en contra de nosotros mismos; también, cuando talamos cantidades de árboles, estamos contribuyendo a que se extermine el oxigeno en el medio ambiente, esa es otra violación, y si buscamos los errores que hemos cometidos, estaremos bien comprometidos con las leyes divinas que regulan los elementos y los componentes de la creación.

Ahora vamos hacer una de esas prácticas de las que hemos mencionado: Busque un sitio tranquilo que usted se sienta que está en plena naturaleza, puede ser a orilla de un río, un lago o un bosque, luego se sienta cómodamente para que nada le moleste, ya estando listo comience la práctica.

Práctica

Divino Ser que está dentro de mí en el nombre de mi existencia humana te pido, te suplico que me invoque la presencia de las amadas jerarquías del elemento aire, divino dios pavana te pido, te suplico en el nombre de la creación, en el nombre de los jueces de la ley del karma que me perdone por los daños que le he causado al elemento aire, por haber actuado inconscientemente en cualquier existencia humana, te lo pido, te lo suplico en el nombre de las jerarquías dévicas, divino dios pavana dios de los silfos y sílfides del aire te rogamos tu perdón en el nombre de los más altos dioses del cosmos, que así sea amén.

También, le pedimos al divino dios del elemento fuego que se haga presente aquí y ahora en este lugar para suplicarle que nos invoque a las salamandras del fuego para que se transporten en este momento que las necesitamos, amadas salamandras les pedimos, te suplicamos que nos perdonen nuestros errores cometidos en existencias pasadas y los de ahora, perdonas nuestros karmas que nos hemos ganados, y por usar el fuego indebidamente, te lo pedimos que nos perdones en el nombre del divino dios Agní, dios del fuego.

Amado dios Agní te pedimos que ruegues a los dioses de la ley del karma que nos perdone nuestros errores, te lo suplico en este lugar, en plena naturaleza, que así sea divino dios.

En el nombre de dios, y por la misericordia de los dioses santos del cosmos infinito invocamos la presencia del divino dios Varuna, amado dios te pedimos que te haga presente en este momento aquí y ahora para que nos invoque a las ondinas y nereidas del agua, amados elementales les hemos invocado para pedirles perdón en esto momento por haber cometidos tantos errores en contra de la naturaleza y de sus reinos, perdónanos los errores que en existencias pasadas cometimos y por darle mal uso al elemento agua, te lo pedimos en el nombre del divino dios Varuna, amado dios te suplicamos en el nombre de la misericordia divina, perdona nuestros karmas, te lo pedimos te lo rogamos, amen, amen, amen, que se plasme que se realice y que así sea en el nombre del divino dios Varuna.

Práctica con las Elementales

En el nombre de Anubis dios del tribunal de la ley del karma, invocamos la divina presencia de Raél dios de los cristales, amado dios te pedimos, te suplicamos, te rogamos que nos envíes un rayo de luz, que ilumines este lugar y los que aquí estamos presentes, divino dios amado jerarca de los cristales te hemos invocado para que con tu divino mandato les pida a los elementales de los cristales que nos perdonen los errores que todos nosotros hemos cometidos en existencias pasadas, en las medievales y en la actual, perdona nuestros karmas por la misericordia divina, que así sea en el nombre del divino dios Raél, que se plasme y que se cumpla en la tercera esfera de la creación, amen (tres veces).

Amado dios Quitiche tu que rige y está encargado de la evolución del reino vegetal te pedimos, te suplicamos que te transporte a este lugar con los gnomos y pigmeos de la tierra, amado dios te pedimos perdón a ti y a los gnomos de la tierra por haberle hecho daños a su reino y por haberle contaminado el elemento tierra en esta existencias y en las medievales;

En el nombre de los diferentes dioses de los mundos dévicos, les pedimos perdón a todos los elementales aquí invocados ya que ese perdón nos sirve para nuestra evolución en el camino de regreso a casa, que se cumpla, que se realice y que así sea en el nombre de dios, amén (tres veces.

Le pedimos a todo el que vaya hacer esta práctica que haga un círculo de cristales de unos 5 pies de ancho en forma ovalada, y luego continúe con los tres círculos dentro de cada uno disminuyendo el espacio, cada círculo tiene que estar representado por un elemento, ejemplo: un círculo de cristales, otro con un vaso plástico con agua, otro con tierra, el que sigue con plumas que simbolizan el aire, y el último círculo, con velas pequeñas representando el fuego; estos son los elementos de la naturaleza a los que nosotros les hemos hechos daños a través de las existencias. Cristales, agua, aire, tierra y fuego.

CONTACTO CON LAS JERARQUÍAS DIVINAS

Existen diferentes Maestros del camino divino, grupos espirituales, creencias, religiones y guías con diferentes conocimientos que buscan ayudar a la humanidad y cumplir con su misión, aunque muchos de ellos; como decía un Maestro, que existen los sinceros equivocados, pero todos andamos en busca de nuestro encuentro con Dios.

El camino que conduce a Dios está lleno de muchas dificultades, pruebas, procesos y amarguras, no todos los seres humanos están preparados para enfrentar de una vez y por todos los delitos que han venido cometiendo a través de todas las existencias.

Una vez encontrado el camino, la ley divina comienza a cobrarles todas esas viejas deudas de la existencia actual y de las pasadas.

Para nosotros tener un contacto con Dios tenemos que hacer un trabajo muy profundo en nuestro interior, de esa manera podemos sensibilizarnos sacando todo tipo de densidades que existen en nuestra psiquis y en la mente.

No todo el que quiera puede tener un acercamiento con lo divinal.

Para lograr un contacto con las jerarquías divina es preciso hacer una limpieza psicológica de todos los defectos que nos han venido obstaculizando nuestras existencias pasadas y la actual.

En el presente libro hemos querido plasmar diferentes prácticas que nos pueden servir para la purificación interna y a la vez logramos un regocijo espiritual para nuestro interior.

Ninguna persona que se encuentre llena de energías negativas, de malas costumbres, podrá acercarse a la más mínima influencia divina.

No es lo mismo una persona que tenga, misericordia, que sea bondadosa, amable con todo el mundo, cariñosa, amorosa, gentil y altamente espiritual, esta persona sí puede tener un contacto con alguna jerarquía, porque posee cualidades que vienen de Dios, a una persona; que en vez de, tener todas estas virtudes, lo que tiene es: odio, rencor, amargura, ira, soberbia, venganza, envidia, intolerancia, arrogancia y muchas cosas más que lo hace una persona negativamente muy densa.

El ser humano se ha olvidado que viene de Dios, no le importa lo divino, pero sí las cosas del mundo, como son los diferentes placeres;

entre ellos, el alcohol, adulterio y todo lo que venga del mundo para darle fuerza a su actitud egoísta que no aporta nada a la parte interior divina de nosotros los seres humanos.

En el camino de la ascensión hay que trabajar nuestra parte interior que es donde está constituida todas las gamas de defectos que a través de todas las existencias hemos venidos acumulando y atrasando nuestro avance en el camino divino.

A través de estas prácticas que hemos escrito en este libro queremos, que todo aquél que lo lea, pueda acercarse a la naturaleza y de esa manera comience a convivir con ella, amarla, cuidarla y protegerla, ya que nosotros venimos de ella y es la que mantiene nuestros cuerpos de materia.

Si el ser humano estudiara su propio cuerpo se daría cuenta que en realidad tiene un compromiso de protegerla y de cuidarla, sin ella ningún ser viviente de este planeta tuviera vida.

La naturaleza es lo más importante que existe en el planeta tierra, ella nos protege, nos cura de cualquier enfermedad, nos da abrigo, alimentos, techo, oxigeno, agua para los diferentes usos personales, energías para nuestros cuerpos y nuestra vida.

Los seres humanos no podemos vivir en un desierto que no tenga agua, porque entonces moriríamos deshidratados.

El cuerpo del ser humano está constituido por un sistema que posee millones de células que retienen el agua para mantener hidratada su piel.

Si observamos lo importante que es la naturaleza, podemos darnos cuenta que hasta los mismos vehículos que están hechos de hierro necesitan agua para poder correr.

Todo lo que la humanidad necesita viene de la tierra, ejemplo: el aire para respirar, los alimentos para nutrirnos, todo tipo de vestimentas y tantos beneficios más.

Ahora vamos hablar de lo que es el comportamiento del ser humano con el planeta tierra y sus reinos;

La humanidad en general no le importa la vida del planeta, siempre vive haciéndole daño, desde la más mínima fabrica hasta las más grandes industrias, contaminando cada rincón de la tierra, ya sea talándole los bosques, los cuerpos de aguas como lagunas, ríos y los mares, entres otros.

Si le hacemos daños al planeta estamos haciéndonos daños nosotros mismos, si el agua se termina nos moriríamos de sed todos los seres humanos, los animales, los pájaros y en realidad todos los seres vivos que existen en el planeta tierra.

No todos los seres humanos tenemos la misma conciencia de lo que es el planeta y lo que significa para la vida de todos los seres vivos que componen los reinos y la creación.

El ser humano está muy lejos de comprender la verdadera realidad de todo lo que existe dentro del cosmos y su equilibrio, todo está sujeto a un orden en el universo, somos como una cadena que viene sincronizada y que nos trae la vida, la energía y la vitalidad.

Nuestro existir proviene de la misma longitud, de donde existen inmensos reinos jamás imaginados por estos diminutos seres vivientes que no tiene ni la más mínima idea de lo que es la inmensa realidad macro cósmica.

Tenemos que seguir explorando a través de este conocimiento que nos brinda la herramientas necesarias para ir conociendo nuestro verdadero origen y profundizando en el inmenso cosmos; de esa manera, podemos comprender que el camino es largo y que debemos hacer un trabajo que nos garantice nuestra evolución dimensional.

DILUYÉNDONOS EN LOS REINOS

En esta obra hemos explicado cómo nacen todos los sistemas de nuestro cuerpo humano en nuestro interior.

Todos los seres humanos tenemos, en nuestro interior, todo tipo de facultades, las cuales en algún momento de nuestra existencia debemos desarrollar; a través de prácticas realizadas con los diferentes elementos de la naturaleza. Estas prácticas son efectivas, porque todos hemos pasado por cada mundo primario de la creación, y no queda duda, de que poseemos, en nuestro interior, toda la conciencia vivida en su reino y en sus mundos.

Todos poseemos diferentes facultades, solo que no nos damos a la tarea de ejercitar los centros energéticos de nuestro cuerpo.

El cuerpo del ser humano está lleno de vórtices energéticos; que a través de ellos, podemos desarrollar las facultades dormidas que existen en nuestro interior.

Existen los Maestros de la luz; ellos poseen todo tipo de facultades al igual que los Maestros ascendidos; pero tenemos que hablar del primer Maestro mencionado; cuando un discípulo llega a la maestría, quien lo hace es una persona que posee todos los centros energéticos en su cuerpo, es a través de esos vórtices que el Maestro se va a manifestar, sea en energía, o a través de sus facultades ya desarrolladas.

Cuando se hace un trabajo de sensibilización de las chakras nuestro Real Ser puede aflorar con todas sus facultades, ya que éstas son del Ser y no de la parte pensante.

Si no se hace un trabajo de limpieza, de purificación de todos los centros, no es posible la manifestación divina a través de nuestra conciencia ya aumentada.

Si queremos tener facultades debemos someternos a una disciplina de purificación espiritual.

Las facultades no se expresan a través de unos chakras que no estén limpios de densidades negativas; en ellos no puede haber energías que vengan del mundo animal.

Las chakras no pueden girar cargados de densidades negativas, ya que para hacerlo tienen que estar bien sensibles y en armonía.

Donde hay negatividad no se puede manifestar las facultades divinas que vienen de Dios.

Todo aquél que ande en el camino espiritual y cumpla con las leyes que rigen a los elementales, está en plena armonía con la naturaleza y consigo mismo, ya que somos parte de ella.

Existen diferentes facultades que el ser humano desconoce aunque se encuentre en el camino de la conciencia superior.

Estas pueden ser: clarividencia, viajar a través de nuestro interior, tener el poder de hacer viajar a otros, despertarle la clarividencia a otros por un momento; el don de la ubicuidad, sentirnos parte del todo, entre otras facultades, todo esto es posible si uno se somete a una disciplina de conciencia, respetando todas las leyes de la naturaleza y de la creación.

Un ser humano no puede tener todas estas facultades si está lleno de defectos negativos que entorpecen el desarrollo de su conciencia, no podemos tener ni una sola facultad de estas estando llenos de densidades negativas.

En este capítulo vamos a realizar una práctica para unir nuestra conciencia a cada reino por donde hemos pasado y así sentir al mismo tiempo que somos parte del todo.

Esta práctica sería bueno realizarla en un sitio donde haya plena naturaleza; también, se puede hacer en cualquier parte que se encuentre un cuerpo de agua que esté corriendo; aunque la naturaleza se encuentra en donde quiera, en un cuarto, en un bosque o en un campo.

En el momento que usted se encuentre realizando esta práctica y sienta algo raro en su cuerpo, deje que todo fluya con normalidad, ya que en realidad tiene que haber una reacción en sus órganos y en su cuerpo.

En cualquier momento usted puede sentir que es una piedra del mundo mineral, también, se puede ver como un animalito del reino animal, y, sucesivamente, como todas las manifestaciones de los diferentes mundos por donde hemos pasado.

El objetivo de esta práctica es sentir ser todo al mismo tiempo, ya que todo tenemos la conciencia de cada especie de las diferentes facetas de la conciencia, que existen en todos los mundos de la creación.

Práctica

Padre mío, glorioso y divino ser que está dentro de mí, en este momento, te pedimos en el nombre de los amados Maestros de la luz y en el nombre de los dioses santos, que rigen los mundos primarios de la naturaleza, les pedimos, también, a las hadas y elementales, que nos ayuden a sentirnos al mismo tiempo parte de todas las manifestaciones de los diferentes mundos, se lo pedimos, se lo rogamos, se lo suplicamos, en el nombre de las jerarquías divinas.

En el nombre del Cristo y en nombre de Eloin les pedimos a las jerarquías dévicas que nos concedan la gracia y la dicha de sentirnos al mismo tiempo parte de todos; a todos los elementos de la naturaleza, divinos dioses les rogamos que se hagan presentes aquí y ahora en este lugar, les pedimos que ponga a girar todos los chakras de nuestros cuerpos para que nuestra conciencia se diluya en cada reino y nos ponga a vibrar con cada manifestación de los reinos mencionados.

Invocamos la divina presencia del Dios encargado de nuestra evolución, también, les pedimos la asistencia a Galeno, Hermes Trimegistro, Ángel Adonai, Wiracocha, Sanit Germain, Quitiche, Pavana, Varuna, Agni, a todos ustedes divinos dioses concedan nuestra petición de hacernos sentir parte de todas las manifestaciones de la naturaleza al mismo tiempo, se lo pedimos, se lo rogamos, se lo suplicamos, que así sea (tres veces), amen (tres veces).

Si observamos, en capítulos anteriores, nos damos cuenta, que todos hemos pasado por los diferentes reinos de la naturaleza y que nuestro paso ha sido para integrar toda la conciencia de cada plano, y de cada manifestación elemental.

Todo aquél que haga esta práctica tiene que tener perseverancia, ya que todos los momentos no son adecuados para esta u otras prácticas.

El lugar tiene que ser lejos de ruidos que puedan entorpecer el momento, la paz y la tranquilidad.

Es recomendable que el lugar sea en plena naturaleza, en un lugar abierto y tranquilo.

Si se encuentra solo no se asuste que no le vaya a pasar nada que no esté dentro de la divinidad.

A usted lo acompaña su Real Ser, su chispa divina, Dios dentro sí mismo.

OBSERVANDO LAS DIMENSIONES

Cada ser vivo, habitante de la creación pertenece a una dimensión donde se mueve de acuerdo a su forma de vida y a su especie; cada especie viene a cumplir con una misión, ya que es importante la evolución de todos los seres vivos; ellos son los que le dan vida a la dimensión donde continuamente se mueven.

Existen Jerarquías dévicas que observan las dimensiones que tienen que ver con la naturaleza, ya que los seres vivos que existen en esas dimensiones no poseen movimiento propio ni mucho menos tienen una conciencia para moverse por sí solo.

Las Jerarquías que están encargadas de la evolución de esas especies, tienen el poder y la gracia de regular la ley que rigen a esas dimensiones.

La mayoría de esas Jerarquías pertenecen al rayo de la medicina, ellas tienen el rango de dioses o semi dioses.

Como hemos dicho anteriormente, cada dios tiene su misión que cumplir. En un capítulo anterior, explicamos las diferentes misiones de cada esos Jerarcas encargados de las transiciones cósmicas; si observamos esta misión nos daríamos cuenta, que también es una continuidad de las mismas transiciones, las transiciones van de la mano una de otra, sólo que están asignada a diferentes dioses en cada mundo o dimensiones.

Los seres de una dimensión no pueden ver el plano siguiente a menos que tengan un nivel de conciencia bien elevado.

Sólo ascendiendo del plano de donde uno proviene es que puede ver la dimensión anterior.

Queremos que comprendan que si no tenemos una conciencia de un plano superior, no podemos ver lo que existe en una dimensión altamente conscientiva.

Las dimensiones están divididas por un tiempo y un espacio, eso es lo que nos hace imposible ver los siguientes; sólo elevando nuestro nivel de conciencia, podemos observar con algunas facultades eventos dimensionales superiores.

Un ejemplo son los animales, ellos no nos pueden observar, aunque parezca que nos están viendo con sus ojos físicos.

Los animales actúan por vibraciones y por el olfato, ellos sienten lo que va a pasar porque todavía pertenecen a los reinos elementales de la naturaleza.

El ser humano puede observar los diferentes reinos elementales estos son: animal, vegetal y mineral, pero si nos hacemos una pregunta: ¿podemos nosotros observar las dimensiones superiores, como la sexta, séptima y la octava?, el ser humano no tiene la conciencia ni la preparación para resistir lo que puede ver en esas dimensiones.

Sólo hay un Ser que puede ver todas las dimensiones al mismo tiempo, estos son: los delfines, ellos, aunque no lo crean, son seres superiores de otras dimensiones, tienen una conciencia superior a la del ser humano.

Existe en nuestro interior un agregado psicológico capaz de paralizarnos ante una materialización altamente divina; ese es el miedo; ningún Ser de otra dimensión puede manifestársele a un ser humano que tenga el ego del miedo, eso es un ejemplo de que no estamos preparado para ver los eventos de otras dimensiones.

Una vez el ser humano trascienda esta dimensión puede observarla de donde se encuentre, eso se llama: observando las dimensiones.

Si el ser humano estuviera preparado para observar las dimensiones superiores no sintiera miedo en la oscuridad, ya que en un lugar oscuro sólo lo hace diferente el miedo que llevamos en nuestro interior, eso se llama: tenerle miedo a lo que viene de otra dimensión.

Ya se sabe que existen espíritus malignos que se dan a la tarea de hacerles daño a muchas personas que andan en busca del camino espiritual, pero si llegamos a conocer las dimensiones superiores no hay que tenerle miedo a nada en la oscuridad.

Hemos dicho que las dimensiones están divididas por un tiempo y un espacio que imposibilita la no visibilidad hacia la siguiente dimensión que vienen siendo superiores a la de nosotros los seres humanos de la tercera esfera de la creación.

Todo aquél que estudie estos conocimientos puede llegar a conocer los grandes misterios que encierran las dimensiones, sólo haciendo un trabajo de purificación interna podemos tener ascenso a esa parte desconocida multidimensionales.

Todos los que vivimos en este plano somos seres pensantes que podemos convertirnos en grandes iluminados dimensionales, aunque siguiendo la ley de la evolución, todos vamos a obtener esos grandes niveles de luz y de conciencia.

Todos los que estamos en el camino de la alta espiritualidad superior tenemos que seguir investigando todo lo que tenga que ver sobre las dimensiones inferiores y superiores.

Cuando hablamos de las dimensiones inferiores nos estamos refiriendo a esa por la cual hemos pasado todos los seres pensantes de esta dimensión; esto nos deja saber que, nosotros no somos estáticos en esta tercera esfera de materia densa celular.

Existen prácticas donde podemos acceder a esas dimensiones de las que estamos hablando, quién escribe ha hecho grandes investigaciones en este camino de la iluminación de nuestro interior profundo.

En la creación existen nueve dimensiones, y todas están habitadas por diferentes seres vivos, unos son elementales, otros son pensantes, iluminados entre otros que son altamente divinos, pero para pasar de ser seres pensantes a divino, tenemos que comenzar por lo más elemental de la Creación.

Para llegar a ser seres divinos tenemos que pasar por todas las dimensiones, de esa manera, integramos la conciencia de todos los planos conscientivos, ellos son lo que nos van a dar las experiencias necesarias para pasar de una dimensión a otra.

Muchos han oído de las dimensiones, pero no se han dado a la tarea de escudriñar cómo se llega a viajar a través de ellas, ya que somos una parte de la creación y tenemos los componentes necesarios para hacerlo.

Uno de los componentes que tenemos para viajar a través de las dimensiones es: el cuerpo astral.

Con este cuerpo se puede acceder a la quinta dimensión, pasando por la cuarta coordenada para ir a investigar eventos venideros o nuestras existencias pasadas.

Este cuerpo no es más que el mismo con el que soñamos y que durante la noche visitamos diferentes lugares que a veces no nos acordamos donde estuvimos ni por donde pasamos; una cosa es soñar y otra es hacerlo consciente, cuando usted sueña no está tomando dominio de sus actos.

Existe una forma de hacerlo consciente con nuestro cuerpo astral.

Este cuerpo se va formando a medida que uno se va sensibilizando por medio a las diferentes prácticas de relajación y meditación.

TRABAJANDO CON LOS ELEMENTALES Y LAS DIMENSIONES

Cuando el ser humano se decide a buscar el camino de regreso a casa, y ha llegado a la comprensión de que ya no se puede perder tiempo, en este plano tridimensional, comienza a ponerse al servicio de las jerarquías divinas y es cuando comienza a nacer grandes inquietudes por el servicio a la humanidad y de todo aquél que busca la evolución de su Real Ser.

El ser humano vive sin un objetivo evolutivo, sólo saben, que como ser viviente, existen y que son seres humanos que pueden pensar dentro de un cuerpo tridimensional, viven sin saber qué son las dimensiones donde ellos se desenvuelven, sueñan y no se hacen la pregunta: ¿por qué soñamos?, ¿cómo lo hacemos?, ¿qué tipo de mundo es ése en el que cada noche visitamos?, ¿cuáles son los misterios que encierra el mundo de los sueños?, ¿por qué son nuestras conexiones con esas dimensiones?

Esas son interrogantes que todos tenemos que hacernos e investigar cuáles son nuestras relaciones con un mundo que no conocemos.

Entonces, cuando nos interesamos por estudiar todos estos misterios, es cuando comenzamos a salirnos del mundo de las creencias, teniendo la oportunidad de abrirnos camino hacia los estudios de la conciencia superior y del saber consciente.

La gran mayoría de la humanidad desconoce lo que son las dimensiones; eso viene hacer un misterio en su existencia humana.

Si todos los seres humanos comenzaran a estudiar esas dimensiones los misterios no serían algo desconocido.

Existen planos y mundos completamente de luz y de energías, estamos hablando, algo así no conocido por todos los seres de este plano de conciencia humana.

Si nos posicionáramos en un plano de conciencia superior nuestro conocimiento y sabiduría serían a otros niveles; entonces, ya no sería ese plano un misterio para nosotros, dejaríamos atrás este mundo esférico humano, este océano de maldad y de desconocimiento dimensional.

En el mundo ultra físico de los sueños es posible realizar cualquier evento por muy imposible que sea para esta esfera de la creación, llamado el mundo físico humano; el mundo de la materia celular, a este se le denomina, el mundo mental; éste está relacionado con todo lo que tenga que ver con la ilusión.

Todo lo que el ser humano sueña con tener, se puede construir con nuestra mente, ya que esta es ilusoria y se encuentra en un submundo de la Creación, donde no existe la descomposición de la materia celular.

PRÁCTICA CON LOS ELEMENTALES Y EL MUNDO ULTRA FÍSICO

El camino de la iluminación de nuestro interior es un sendero que tiene que ser práctico; no sólo se tiene que investigar, sino que hay que llevarlo, definitivamente, a la práctica; ésta tiene que efectuarse con la invocación de las diferentes jerarquías divinas, ya que ellas son las que tienen pleno dominio sobre los elementales de la naturaleza y de este plano de conciencia humana.

Antes de llevarse a cabo una práctica con los diferentes elementales, sean estos minerales, los de las plantas, el agua, el fuego y el aire entre otros; tenemos que estar en armonía y preparar muy bien el ambiente, esta preparación se hace con el aroma adecuado a la práctica que se vaya hacer, entonces se prenden cuatro velas y se busca el elemento fuego colocándose en el centro del lugar donde se vaya a realizar la práctica.

Luego, para el elemento agua, se colocan varios plásticos en círculos, alrededor del fuego, también, buscamos el elemento aire; este puede ser representado por varias plumas, colocándose al igual que el agua en círculo; luego, seguimos con el elemento tierra, ésta se coloca en unos cuantos vasos plásticos, y también, este elemento se sitúa en círculo; por último, buscamos todas las piedras o cuarzos posibles, y también, se colocan en círculo; todos los elementos tienen que ir en posición circular ;ya que, son ellos que nos van ayudar a la transportación de nosotros a otra dimensión; claro está, que no podemos tener ningún resultado sin la ayuda de las jerarquías divinas.

Entonces, una vez todos los elementos estén listos pasaremos a realizar la práctica, y dice así: Padre mío, señor mío, tú que moras dentro de mí, en este momento, te invocamos para que seas tú, con tu poder y tu gracia bendita y divina, el que nos invoque a las siguientes jerarquías:

Amadísima madre divina parte femenina de Dios dentro de mi interior, te pedimos que en este momento nos acompañe y nos ilumines con tu luz y tu energía; divino Cristo interno, amado y divina jerarquía, dador del amor universal, te pedimos que nos acompañes e ilumines este lugar aquí y ahora; divino Espíritu Santo, divina jerarquía, dador de la vida de todas las semillas de diferentes especies, te pedimos que te transporte a este lugar para con tu poder y tu gracia seas tú que le permitas a estos elementos hacernos una limpieza en las dimensiones superiores a todos nuestros cuerpos a nivel energético.

Divino Dios Rael (tres veces) amadísimo Dios de los cristales, te pedimos en el nombre de nuestro Real Ser que te haga aquí presente para que seas tú, con tu sabiduría y tus divinas facultades que les ordenes a los elementales del reino mineral que transporten nuestras mentes a las dimensiones superiores para que nos trabajen energéticamente y nos hagan una limpieza interna.

Te lo suplicamos en el nombre de nuestro Real Ser.

También, le pedimos al divino Dios Quitiche dios de los elementales de la tierra, los gnomos y pigmeos que se hagan presente aquí y ahora para que con su energía y sus facultades nos transporten conscientemente a los mundos superiores y nos hagan una limpieza a nuestra parte pensante, le pedimos a todos los gnomos y pigmeos la transportación conscientemente de todos los presentes a las dimensiones superiores para que también nos curen cualquier órgano enfermo, se lo pedimos en el nombre de nuestro Real Ser.

En el nombre de las jerarquías dévicas invocamos la presencia del divino Dios pavana, amadísimo jerarca, le pedimos en el nombre de la creación que nos invoque la divina presencia de los silfos y sílfides del aire para que sean ellos, conjuntamente, con el Dios pavana que nos transporten a todos los aquí presentes conscientemente a las dimensiones superiores y nos lleven a un lugar donde se manifiesten los silfos y sílfides del aire para que nos purifiquen nuestra piel.

Limpiando la impureza de nuestros cuerpos, en el nombre del divino Dios de los elementales del aire pavana, pedimos la presencia divina de las jerarquías dévicas, galeno, galeno, galeno, Hermes Trimegistro, Ángel Adonaí,

Wiracocha, divina madre Gaia les pedimos que sean ustedes que sitúen nuestra presencia a un lugar escogido por ustedes, se lo suplicamos.

También, les pedimos al divino Dios Varuna, Dios de los elementales del agua, las ondinas y nereidas del agua, divino Dios Varuna te pedimos en el nombre de nuestro Real Ser y en el nombre de nuestra misericordia divina que les ordene a las ondinas y nereidas del agua que nos transporten a las dimensiones superiores, para que también, nos hagan una limpieza en todos los órganos de nuestro cuerpo físico, divino Dios Varuna tú que tienes el poder y las facultades divinas concédenos esta petición en el nombre de las jerarquías dévicas.

Invocamos la divina presencia del divino Dios Agni dios del fuego, en el nombre del divino creador de todo lo que existe, les pedimos a los elementales del fuego que se hagan presente aquí y ahora en este momento para que nos concedan la dicha y el privilegio de hacer posible la transportación de nuestras presencias a las dimensiones de conciencias superiores y nos hagan una purificación de nuestros cuerpos a cada uno aquí presente, le pedimos al divino Dios Agni que les ordenes a los elementales, las salamandras del fuego que nos purifique en este momento todo nuestro cuerpo, nuestra mente. Divina salamandras del fuego, en el nombre de Agni y en el nombre de la naturaleza, le pedimos su colaboración en esta práctica;

En el nombre de las diferentes jerarquías aquí presentes, galeno, Hermes Trimegistro, Ángel Adonaí, la madre Gaia, Rael, Agni, Pavana, Varuna y Quitiche les damos infinita gracias por sus presencias en esta práctica, y que se cumpla las peticiones de cada uno de nosotros, que así sea, que así sea, y que así sea en el nombre del creador, (tres veces Amen).

En esta práctica, cuando se invoca la presencia de una jerarquía, se hace tres veces para que esa invocación llegue a ella; es importante tener el ambiente aromatizado y solo con la luz del fuego, con el que se está haciendo la práctica; también, debe haber una música de acuerdo al momento, tampoco no debe haber niños que interrumpan la concentración y la misma práctica.

Es importante saber, que en el transcurso de la concentración, se puede dar grandes experiencias por ser esta una práctica de alta liturgia, y por estar trabajándose con los dioses y los elementales que tienen grandes poderes y facultades, ya que no tienen ningún tipo de conciencia negativa y sola tienen pureza elemental.

CONCLUSIÓN

El autor de esta obra literaria ha tenido la inquietud de enseñarle a todos los seres humanos, que existe la vida en los elementos de la naturaleza, y que donde quiera que haya un ser humano ahí están ellos.

También, nos expresa la relación de ellos con nuestra vida y nuestros sistemas corporal, este conocimiento nos llevas a comprender que no somos un cuerpo que salió de la nada y que simplemente nos alimentamos de los alimentos que provienen de la Tierra.

En este libro, podemos crear una conciencia más positiva ya que conociendo un poco más lo que es la creación, podemos respetar todo lo que tenga vida y movimiento propio.

Por otro lado nos dan una idea de quién es Dios dentro de lo que es la naturaleza y los elementos.

A través de los años, el autor de esta obra ha venido investigando las diferentes leyes que rigen a todos los seres vivos, y su vez ha podido comprender que si el ser humano viola las diferentes leyes de la creación, ella misma se encarga de cobrar por medio de los elementos, los delitos cometidos por cada ser humano.

Él nos expresa que Dios no castiga a ningún ser viviente, sólo que las leyes fueron creadas para establecer un equilibrio en la creación y en la naturaleza.

La misma naturaleza es la que se encarga de cobrar las infracciones que se cometen en contra de sus leyes, ella usa sus propios elementos, como son: el fuego, el agua, el aire y tierra, con estos elementos la naturaleza puede cobrarles colectivamente a una ciudad donde hayan violado una ley que tenga que ver con un elemento de estos.

En esta obra se encuentran diferentes prácticas que nos enseñan a pedirle perdón a los elementos de la naturaleza.

Son muchos los karmas que el ser humano se ha ganado por haber violado las leyes que rigen a todos los seres vivos que existen.

Por medio de esta obra les hacemos un llamado a todo aquél que entienda que todos los seres humanos somos partes de la creación y de la naturaleza, y que no se le puede hacer daño a sus reinos.

Tenemos que hacer conciencia que nuestro planeta Tierra es un ser vivo que merece vivir y que también evoluciona.

Tenemos que acercarnos un poco más a Dios por medio de las prácticas que hemos escritos en esta obra.

Para darles un mejor entendimiento de dónde venimos, hemos escrito sobre los diferentes pasos de nuestra chispa divina por los mundos de la naturaleza y su acumulación conscientiva que nos hace evolucionar a través de los reinos.

En este libro, podemos darnos cuenta qué consecuencias nos espera cuando violamos o le hacemos daño a cualquier ser viviente de la tierra.

Esperamos que cada uno que lea esta obra, haya tenido la inteligencia de internalizar este conocimiento, ya que lo hemos escrito con mucho amor para la humanidad.

Con la fraternidad que me confiere las jerarquías divinas se despide de ustedes,

El autor.